If you know
a villager of
a cruel village of
100 people

あなたがもし
残酷な
100人の村の
村人だと知ったら

ファイナンシャル・プランナー
江上 治
Osamu Egami

まえがき

　断片的な事実は、毎日のように、私たちの目に耳に飛び込んできます。嬉しいニュース、楽しい話題もありますが、ほとんどはこの国の、残酷で、弱者にきびしい事実、国自体が悲鳴を上げている現実ばかりです。

　ここでは、もう少し考えてみたい断片を一堂に拾い集め、日本を「100人の村」という設定でわかりやすく紹介します。見ようが見まいが、これが21世紀の日本の、正直な一面です。

　そうして、それらの事実の背後にうずくまり、現実を操っているかに見える「お金」というモノの正体も、一緒に考えます。

　100人の残酷な村。思い切って、この村を訪ねてみませんか。日本をもっと正確に知ることができ、明日の生き方を考えるヒントになるはずですから。

江上　治

CONTENTS

001 **まえがき**

序

If you know a villager of a cruel village of 100 people

あなたがもし残酷な100人の村の村人だと知ったら

 Our Japan is such cruel

ぼくらの日本はこんなにも残酷だ!
――目をそむけたくなるほどの「現実」を見よ

060　衰退する日本
066　崖っぷちの日本
072　残酷な日本
085　行きづまる日本
094　弱者にきびしい日本
108　悲鳴上げる日本
117　幸福度が低い日本

120 第2部 Survive with three capital from now on

これからは3つの資本で生きのびよ!
―― 自分の「強み」を知り、助け、助けられよ

- 122 テクニック偏重の「手段思考」をやめよ
- 124 かっこいいお金持ちとは
- 127 自分資本＝発想の転換が必要だ
- 132 お金資本＝将来を見据えた「目的思考」で
- 135 お金の奴隷になって我を忘れるな
- 139 人間関係資本＝叱咤激励、助け合いの強さ
- 141 自分の強みを知って、お互いに高め合おう
- 143 ヒアリングからすべては始まる
- 146 年収1千万円超のサラリーマンはきつい
- 148 何も持つな、身軽になれ

150 附録 Why has it become such Japan?

なぜ、こんな国になったのか?
―― あなたを縛る「お金」の正体を教えよう!

- 152 お金は怖いものだった
- 154 お金は決して「神」ではない
- 156 格差を生んだお金の働き
- 158 お金は特別な存在になった
- 161 電子空間を飛び交う膨大なお金
- 163 エンデの考えの強さ、正しさ

If you know
a villager of
a cruel village of
100 people

まさか……
自分だけは関係ない、
そう思いましたか?

あなた自身はそれほど関係がなくても、
あなたの子どもはどうでしょう?

じつは、とても「残酷な村の村人」なのです。
なぜなら……

すでにあなたの子どもたちは、
生まれたときから借金まみれで、
学校に行くお金もなくて、
仕事にも就いても給料が安くて、
結婚もできない、将来の年金も期待できず、
それで老親の介護に追われる……。

これらは、すでに決定している事実です。
じつに残酷な将来が待っているのです。

そして、あなたの明日も……
同じように残酷かもしれません。

いま日本には
1億2700万人の
人がいますが、
もしそれを
100人の村に縮めると
どうなるでしょう。

49人が男性で
51人が女性です。

13人が子どもで、
61人が働き手、
26人が老人です。

小学生は5人、
中学生は3人、
高校生は3人、
大学生は2人います。

If you know
a villager of
a cruel village of
100 people

いちばん残酷なのは、
急激な人口減少の問題です。
35年後の2050年には
子どもが13人→10人に
働き手は61人→52人に
老人は26人→39人になります。

If you know
a villager of
a cruel village of
100 people

じきにこの村は、
子どもと働き手がどんどん減って、
右を向いても左を向いても
老人だらけの村になります。

じつに4分の1が
75歳以上の老人です。

If you know
a villager of
a cruel village of
100 people

じつはこの村は、
いま存在していることが
不思議なくらい
借金まみれです。

お金を稼ぐ人が減っているのに
この村の借金は、
村人が1年間に稼ぐ総額の
2倍以上もあります。

普通の家庭で考えると
すでに破産していることがわかります。

月収30万円の家庭で
月々49万円が必要で
毎月の不足額は19万円です。

If you know
a villager of
a cruel village of
100 people

年収360万円の家庭で
年に588万円が必要で
年間の不足額は228万円です。

不足額はすべて
借金となります。

If you know
a villager of
a cruel village of
100 people

出ていくお金はさまざまですが、
いちばん大きいのは社会保障費です。

社会保障費とは、
村から村人への医療や介護に使うお金、
そして老人への年金です。

村の老人が増えたことで、
この人たちに使うお金が、
25年間で3倍になっています。

残酷なのは、子どもや20代の若者に、この借金のツケを回している事実です。

この100人の村では、
41人の村人が雇われて働いています。

41人のうち
26人が正社員で
15人が非正社員です。

If you know
a villager of
a cruel village of
100 people

非正社員とは、
契約社員、派遣社員、嘱託、
アルバイト、パートなどの人たちで、
いつ突然、クビを切られても、
村の保障が何もない人たちです。

正社員が1937円で、
非正社員が1229円です。

そして年収200万円以下の
「ワーキングプア」と言われる人は、
村人のうち9人もいます。

働いてお金をもらっている人の
じつに4分の1です。

働いている人を男女別にみると、
もっと残酷な事実がみえてきます。

正社員で
いちばん多い年収帯は、
男性正社員が
500〜699万円で
女性正社員が
200〜299万円です。

If you know
a villager of
a cruel village of
100 people

非正社員でいちばん多い年収帯は、
男性非正社員が100〜199万円で
女性非正社員が100万円未満です。

働く女性にとって、
この村での生活は
とても残酷なことが
わかります。

If you know
a villager of
a cruel village of
100 people

女性の収入の低さは、
母子家庭の家の貧しさに
そのまま結びついています。

この村の子ども
(18歳未満)の
約16％が貧困層に
分類されています。

貧困層の数は年々増えていますが、
その半分の子どもたちが、母子家庭です。

こうした状況もあって、
100人の村の50人以上が
「生活がきつい」と
嘆いています。

If you know
a villager of
a cruel village of
100 people

この村には、
貧しい村人の生活を助ける
「生活保護」というものがありますが、
それで助けてもらっている村人が
年々、増え続けています。

けれど村は、そこにあてるお金を減らし、
申込みの方法も、さらに厳しくしました。

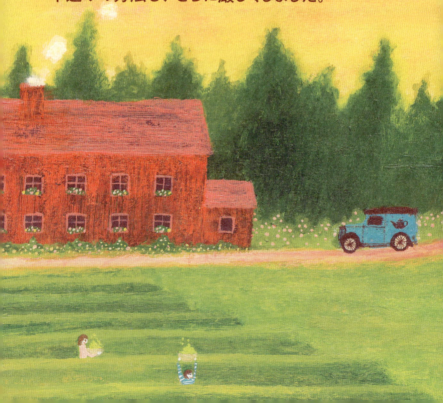

生活保護を受ける村人が増えたのは、
その村人のせいというより、
この村の貧困・格差の拡大が
原因だといわれています。

ついでにいうと、この村のきまりは、
一度もお金に困ったことのない村長と
そのまわりの数人で決めています。

この村の老人たちは、
お金を貯めるのが大好きでした。
けれど、いまはどうでしょう。

村からの年金だけでは
生活していくことができず、
せっかく貯めたお金を使う老人が
どんどん増えています。

If you know
a villager of
a cruel village of
100 people

まったく貯金が
できない家は、
村全体でみれば、
3分の1もいます。

If you know
a villager of
a cruel village of
100 people

この村には、病気になったときのための
保険料を払えない人がたくさんいます。

保険に入っている家の
5分の1が保険料すら
払えない状態です。

正社員にもなれない、
給料も上がらない、
貯金もできない状況ですから、
当然といえば当然です。
**収入が0円の家でも
保険料がとられますから。**

(注) ここでの「保険」は「国民健康保険」をいう。

いまこの村に住む村人たちにはまったく
想像できない話でしょうが、
「明日の食べもの」が
ある日突然なくなるかもしれません。

If you know
a villager of
a cruel village of
100 people

村人が食べる食料を
村でどれだけ作っているかを示す
その割合はとても低く、
将来の食べものに対して、
82人の村人が
「不安がある」と答えています。

将来の村の食べものに
不安を感じながらも、
この村の村人たちは
まだ食べられる食べものを
大量に捨てています。

皮肉なものですが、この村が
捨てている食べものの量は、
この村で作っている
米の量とほぼ同じです。

If you know
a villager of
a cruel village of
100 people

世界中には
飢えに苦しむ人が
8人に1人も
いるのに、です。

この村では、
教育を受けるための奨学金に、
「お金をあげるタイプ」と
「お金を貸すタイプ」があります。

ほとんどがお金を貸すタイプのもので
必ず返さなくてはいけません。

If you know
a villager of
a cruel village of
100 people

借りたお金は返すのが当然
と言う人もいますが、
よその村の奨学金は
返さなくてもよいタイプが普通です。

奨学金を返すのに
困っている人が、
たくさんいるのは
言うまでもありません。

彼らに対して、おどしたり、殴ったり、
蹴ったり、食事を与えなかったり、
性の対象にしたりしています。
なかには殺された子どももいます。

虐待する人の多くは、
じつの母や父です。

この村では、
自殺する人が
後をたちません。

その数は
世界で5番目です。

自殺の原因で多いのは、
健康問題（うつ病など）、
お金の問題（生活苦、失業など）、
家庭の問題（不和、看病疲れなど）、
仕事（疲れ、人間関係など）
などです。

この100人の村では、
31秒に1人が生まれ、
25秒に1人が
死亡します。

48秒に1組が
結婚し、
2分16秒に1組が
離婚しています。

病気で死ぬ原因のトップは
「がん」です。

男性では、肺がんがダントツの1位。
女性では、肺がんと大腸がんが
1位を競っています。

If you know
a villager of
a cruel village of
100 people

この村には、
65歳以上の介護を
必要とする老人が、
年々、増え続けています。

その老人を
介護するのは、
夫や妻、子どもなどですが、
そのうちの
3分の2は女性です。

しかも、
ほとんどが60歳以上で、
老人が老人の世話をする
「老老介護」と
なっています。

If you know
a villager of
a cruel village of
100 people

この村では、
心を病んでいる村人が
急激に増えています。

なかでも多いのは、
うつ病と認知症です。

If you know
a villager of
a cruel village of
100 people

老人だらけの社会になったことで
とくに認知症が注目されていますが、

10年後の
2025年には
老人の5人に1人が
認知症になると
言われています。

最後に、この村の村人たちに
生活に関するアンケートをしました。

「悩みや不安を感じている」と
答えた人は
100人のうち
67人もいました。

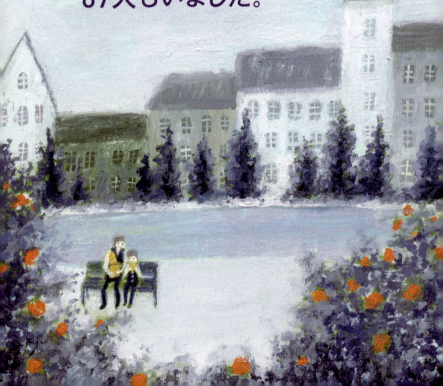

そのうち
「老後が不安」と
答えた人は
58人もいました。

この村の
幸福度ランキングは、
158ほどある村のうち、
46番目です。

If you know
a villager of
a cruel village of
100 people

If you know
a villager of
a cruel village of
100 people

以上が、村の残酷な実態です。
明日をよりよくするためには、
まず、この村に住む村人たちが
現実をよく見て、よく考え、
これからの生き方を
変えるしかありません。

これらの大きな問題に村人全員が
向き合ったとき、

村の未来はきっと変えられます。

If you know
a villager of
a cruel village of
100 people

そして、
あなたの人生も、
きっと。

If you know
a villager of
a cruel village of
100 people

第 1 部 Our Japan is such cruel

ぼくらの日本はこんなにも残酷だ!

――― 目をそむけたくなるほどの「現実」を見よ

事実は雄弁です。
しかも一つの事実よりも二つ、
二つより十の事実のほうが、
より強く、より大きな声で
現実の姿を語ることができます。
ここに収集された二十数個の事実から、
残酷な私たち日本の現実を確と聞き取り、
明日の日本の、
あってほしい姿を考えませんか。

第1部 ぼくらの日本はこんなにも残酷だ！──目をそむけたくなるほどの「現実」を見よ

1 Japan where I decline
衰退する日本

働き手がどんどん少なくなります

日本の総人口：1億2701万6千人
（2015年1月1日現在・総務省統計局「人口推計」）

生産年齢人口：7757万2千人
（前年同月比117万6千人減少）

あらゆる政策は将来人口の動きに左右されます

日本は2008年をピークに人口減少に転じました。

2010年に1億2806万人であった総人口が、2048年には1億人を割り込み9913万人となり、2060年には8674万人となるといいます（国立社会保障・人口問題研究所の出生中位推計）。

働き手が1年で117万人も減少

人口減少で特に問題なのは、現役の働き手が急激に減っていくことです。働き手（生産年齢人口）とは15歳〜64歳の人を指しますが、2015年と2014年を比べてみると総人口では21万人の減少に対して、117万6千人も減少しています。

働き手の人口は、2027年には7千万人を、2051年には5千万人を割り込み、2060年には4418万人になるといいます。私たちの日本は、どんどん「稼げない日本」「活力のない日本」になっていくということですね。

7年後には2人で1人の高齢者を扶養することに

働き手(生産年齢人口)による老年(65歳以上)人口への扶養の程度をみると、2010年に働き手2.8人で高齢者1人を扶養していましたが、2022年には同2人で1人を、2060年には同1.3人で1人を扶養するようになります。

「生産年齢」は裏を返せば「消費年齢」でもあり、その人口が減少するということは、そのまま国全体の消費が減少するということでもあります。生産年齢人口の減少によって、経済の停滞やデフレが起こっているという指摘もあるほどです。

■ 働き手が減り「稼げない日本」が加速する!

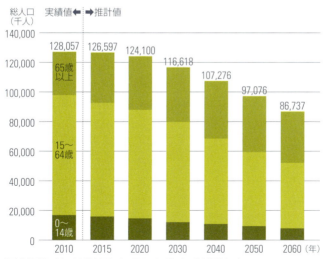

総務省「国勢調査」、国立社会保障・人口問題研究所「日本の将来推計人口」より

第1部　ぼくらの日本はこんなにも残酷だ！──目をそむけたくなるほどの「現実」を見よ

Japan where I decline
2 衰退する日本

4人に1人が75歳以上の社会に

65歳以上の人口：**3323万人**
（平成27年1月1日現在・総務省「人口推計」）

高齢化率の上昇は止まらない

　総人口が減ってく中で、高齢者の割合は大きくなっていきます。平成27年度版「高齢社会白書」（内閣府）によれば、いわゆる「団塊の世代」（昭和22年〜24年生まれ）が65歳以上となるのが2015年で約3300万人。その後も高齢者人口は上昇を続け、2042年に3878万人でピークを迎えます。その後、減少に転じますが、総人口も減るので高齢化率は上昇します。

2.5人に1人が65歳以上、4人に1人が75歳以上に

　2060年には、高齢化率が39.9％に達し、2.5人に1人が65歳以上となり、75歳以上人口が総人口の26.9％となって4人に1人が75歳以上となります。
　まさに、右を向いても左を見ても高齢者ばかりの世の中になるでしょう。家庭では介護などの支出ばかりが増えて、経済的な負担が大きくなるでしょうね。

女性の平均寿命は90歳を超える!

　地域別に高齢化率をみると、2014年現在、最も高いのは秋田県で32.6%。ほぼ3人に1人が65歳以上です。次いで高知県、島根県、山口県、和歌山県、徳島県でいずれも30%を超えています。最も低いのは沖縄県で19.0%、次いで若者の流入が多い東京都が22.5%、神奈川県が23.2%。沖縄県の低さが際立っています。

　平均寿命にも触れますと、2014年では、男性80.50歳、女性86.83歳ですが、2060年には、男性84.19歳、女性90.93歳となって、女性の平均寿命が90歳を超えると予測されています。

■ 平均寿命が男性84歳、女性90歳の世の中に

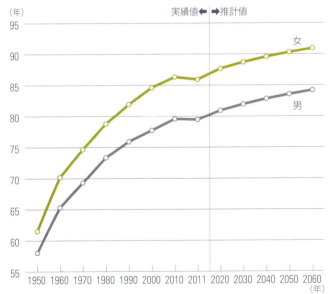

厚生労働省「簡易生命表」「完全生命表」、国立社会保障・人口問題研究所「日本の将来推計人口」より

Japan where I decline

3 衰退する日本

地方が消えていきます

40道府県で人口が減少
(総務省)

1%以上の減少は、秋田県、青森県

　総人口が減っていく中で、都道府県別に増減率をみると、全国47都道府県のうち40道府県の人口が前年比で減少しています（総務省「人口推計」平成26年10月1日現在）。全国平均は0.17%の減少。人口の減少が最も多かったのは秋田県の1.26%、青森も1.08%で、この2県が前年に続き1%を超える減少です。

際立つ東京圏への人口流入

　人口が増えたのは、東京（0.68%）、沖縄（0.40%）、埼玉（0.23%）、神奈川（0.19%）、愛知（0.17%）、千葉（0.08%）、福岡（0.03%）の7県。出生率が断トツで高い沖縄（2012年・合計特殊出生率1.90で全国トップ）を始め、東京圏、地域の中心都市を抱える愛知と福岡が上昇しました。

　特に東京は増加率が前年の0.53%から0.15ポイント上がっており、埼玉、神奈川、千葉の東京圏への人口流入が際立っています。私が若者なら東京圏などに移らず、むしろ若者の価値が高い地方で、自給自足の生活をしますね。

人口稠密になると出生率が下がる?

合計特殊出生率の全国平均は1.41（2012年）ですが、人口稠密な大都市は軒並み出生率が低く、特に東京は1.09と最低です。

内閣府「選択する未来」委員の増田寛也東京大学大学院客員教授は、委員会提出資料「人口減少問題と地方の課題」の中で、人口問題でカギを握るのは、20〜39歳の若年女性人口と指摘し、2040年時点でその若年女性人口が5割以上減少し、人口1万人未満の小規模自治体は「消滅可能性」が高いと指摘しています。

増田氏は、896市町村に消滅可能性があると説く『地方消滅』（中公新書）の編著者でもあります。

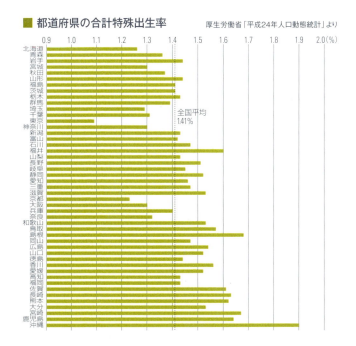

■ 都道府県の合計特殊出生率　厚生労働省「平成24年人口動態統計」より

第1部 ぼくらの日本はこんなにも残酷だ…目をそむけたくなるほどの「現実」を見よ

Japan in a brow

崖っぷちの日本

この国は借金まみれです

累積債務は**国債残高が約807兆円**
地方との**合計債務残高は1035兆円**
GDPの2倍以上です

借金は国民の稼ぎの2倍以上

2015年末の政府見通しでは、国債残高が807兆円、地方と合わせた長期債務残高は1035兆円となります。

これは対GDP比で、205%です。国民が1年に稼ぎ出す総額の2倍以上を借金していることになります。

■ 日本の借金は1年で26兆円ずつ増えている (単位:兆円程度)

		1998年度末〈実績〉	2003年度末〈実績〉	2008年度末〈実績〉	2009年度末〈実績〉	2010年度末〈実績〉	2011年度末〈実績〉	2012年度末〈実績〉	2013年度末〈実績〉	2014年度末〈実績見込〉	2015年度末〈政府案〉
国		390	493	573	621	662	694	731	770	809	837
	普通国債残高	295	457	546	594	636	670	705	744	778	807
	対GDP比	58%	91%	112%	125%	133%	141%	149%	154%	158%	160%
地方		163	198	197	199	200	200	201	201	201	199
	対GDP比	32%	40%	40%	42%	42%	42%	42%	42%	41%	39%
国・地方 合計		553	692	770	820	862	895	932	972	1,009	1,035
	対GDP比	108%	138%	157%	173%	179%	189%	196%	201%	205%	205%

財務省HPより

毎日700億円ずつ借金が増加

2014年末は約1009兆円ですから、この1年で約26兆円の増加。以上の数字は巨額過ぎてピンときませんが、計算すれば2015年4月1日から2016年3月31日まで、毎日、約700億円以上増えていくことになります。一人あたり（赤ん坊も含めて）の借金負担額は、約815万5千円です。

財政赤字は10年後に40兆円

政府債務は年々膨張しています。消費増税による増収分を考えても、財政赤字は年に約30兆円から10年以内に40兆円まで拡大していくという見通しもあります。しかも実際には借金返済のための借金＝借換債がさらに約110兆円もあり、それを含めて国の借金を考えなくてはなりません。

日本がデフォルトする日

家計の金融資産残高が2015年は史上最高の1708兆円となり、国債発行による借金もこの国内貯蓄があるから大丈夫だという声もありますが、このまま借金が増えていけば遠からず貯蓄残高を超える可能性もあります。

そうなれば海外から資金調達する以外なく、国債金利が大幅に上昇（利払い負担が増加）する恐れがあり、巨額の債務で日本がデフォルトするリスクも現実味を帯びてきます。

もう国も会社も頼れないことがはっきりしました。自分は自分で守るしかない時代の到来です。

第1部 ぼくらの日本はこんなにも残酷だ！──目をそむけたくなるほどの「現実」を見よ

Japan in a brow 2
崖っぷちの日本

身の丈に合わない生活をしています

平成27年度の一般会計予算、
96兆3420億円
▼
歳入のうち公債金による収入＝借金は、
36兆8630億円

収入は6割で残りは借金

　平成27年度一般会計の歳入は、租税及び印紙収入が約54兆5200万円。その他収入が約4兆9500億円。公債金（国債）が約36兆8600億円。公債による収入＝借金は38.3％を占めます。

　つまり税収＋税外収入は61.7％でしかなく、残りは借金です。

どこまで続く？　借金生活

　この借金生活をサラリーマンの家庭に当てはめると、月収30万円（税収＋税外収入）の家庭では、支出（歳出）が月々49万円ほどになります。

　差額の19万円は、借金（公債金）に拠ることになります。

　つまり、年収360万円の家庭で年およそ590万円が必要額であり、不足額の約230万円を借金して生活していることと同様です。果たしてこれは健全な家計なのか、問うまでもありません。はっきり言って破産状態です！

3 Japan in a brow
崖っぷちの日本

大丈夫でしょうか？ 年金・医療・介護

平成27年度一般会計の歳出内訳のトップは、社会保障費

①社会保障費：
31兆5297億円（全体の37.7%）

②国債費（元利払い金）：
23兆4507億円（全体の24.3%）

③地方交付税交付金等：
15兆5357億円（全体の16.1%）

④公共事業費：
5兆9711億円（全体の6.2%）

⑤文教および科学振興費：
5兆3613億円（全体の5.6%）

⑥防衛費：
4兆9801億円（全体の5.2%）

ローン返済も巨額です

　平成27年度の歳出は、トップ3で全体の7割を超える。このうち借金返済（家庭ならローンの支払い）にあたる国債費は、全体のおよそ4分の1に及びます。

　社会保障費約31兆5千万円は、家庭での生活費一般にあたる一般歳出（約57兆3500億円）の約55%を占めます。

Our Japan is such cruel

第1部 ぼくらの日本はこんなにも残酷だ！……目をそむけたくなるほどの「現実」を見よ

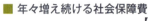
■ 年々増え続ける社会保障費

【歳出】

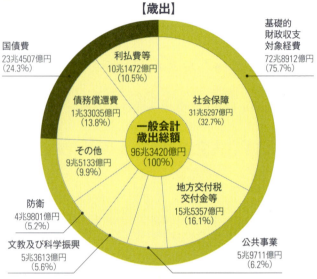

国債費
23兆4507億円
(24.3%)

利払費等
10兆1472億円
(10.5%)

基礎的
財政収支
対象経費
72兆8912億円
(75.7%)

債務償還費
1兆33035億円
(13.8%)

社会保障
31兆5297億円
(32.7%)

その他
9兆5133億円
(9.9%)

一般会計
歳出総額
96兆3420億円
(100%)

地方交付税
交付金等
15兆5357億円
(16.1%)

防衛
4兆9801億円
(5.2%)

文教及び科学振興
5兆3613億円
(5.6%)

公共事業
5兆9711億円
(6.2%)

【歳入】

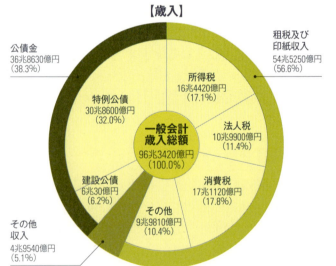

公債金
36兆8630億円
(38.3%)

租税及び
印紙収入
54兆5250億円
(56.6%)

特例公債
30兆8600億円
(32.0%)

所得税
16兆4420億円
(17.1%)

一般会計
歳入総額
96兆3420億円
(100.0%)

法人税
10兆9900億円
(11.4%)

建設公債
6兆030億円
(6.2%)

消費税
17兆1120億円
(17.8%)

その他
収入
4兆9540億円
(5.1%)

その他
9兆9810億円
(10.4%)

財務省HP「平成27年度一般会計予算」より

年々増える社会保障費

25年前（1990年）の社会保障費は約11兆5千万円でしたから、この25年で20兆円増、約3倍になっています。それだけ国や地方から給付される年金・医療・介護などの金銭、サービスの総額＝社会保障給付費が増えているわけですね。

実際の数字で示すと、社会保障給付費は、2003年で約84兆円。それが高齢化の進展で、2014年度には115.2兆円までに増えています。

社会保障給付費の内訳は、2015年（予算ベース）で年金約56兆円（48.6％）、医療約37兆円（32.1％）、介護約22.2兆円（19.3％）となっています。

ツケは将来世代に

社会保障給付費での問題は、現役の働き手（15歳以上〜65歳未満の人口）の減少によって、社会保険料収入が横ばいとなっていることです。

給付費との差は公費負担となり、これが膨張しつつあります。つまり、幼い子どもや孫たちの将来世代に借金のツケを先送りしているということになります。

子どもたちの世代は国からの年金は支給年齢が上がりますから、むしろ「支給されない」と考え、自分年金をどう作るか、真剣に考えたほうがよいでしょう。

第1部 ぼくらの日本はこんなにも残酷だ！――目をそむけたくなるほどの「現実」を見よ

Cruel Japan
残酷な日本

3人に1人が非正規労働者です

日本の非正規労働者：1979万人
（総務省・労働力調査）

増える一方の非正規労働者

　総務省が2015年5月に公表した労働力調査によると、役員を除く雇用者5245万人のうち、正規労働者は3265万人、非正規労働者（派遣社員、契約社員、嘱託、アルバイト、パート）は、前年比9万人増の1979万人です。

　非正規労働者は働く人の37.7％に達し、3人に1人以上となっています。

働き盛り、一家の大黒柱も非正規で

　非正規労働者の年齢別内訳を2014年平均でみると、男性では15～24歳が16.6％、25～34歳が16.2％、35～44歳が11.6％と、この世代で半数近くを占めています。

　一家の大黒柱であるはずの45～54歳は9.2％、55～64歳は25.5％となっています。

女性は40代前半までで約半数

　女性では15～24歳が9.5%、25～34歳が15.1%、35～44歳が24.4%と、ここまででほぼ半数を占め、45～54歳が23.9%、55～64歳が19.5%となっています。

　前年に比べて増減が大きい年齢階級をみると、男性は65歳以上が16万人の増、女性は65歳以上が15万人の増、45～54歳が10万人の増となっています。

　雇用形態別にみると、パート・アルバイトが1347万人と27万人の増、契約社員が292万人と19万人の増となっています。

■ 年齢別非正規社員の内訳

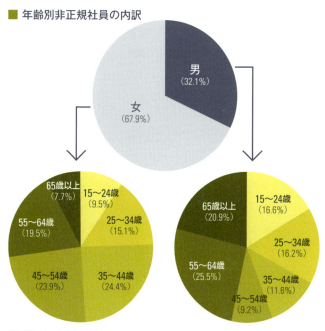

総務省「平成26年労働力調査」より

就職氷河期の人たちから非正規へ

　1990年代初頭のバブル経済崩壊以後、消費税引き上げなどもあり、不況が深刻化しました。このため2000年代初めまで就職状況が悪く、このときに高校、大学を卒業した人たちの多くが、フリーターや派遣労働といった、社会保険もない非正規労働者にならざるを得なかったと言われています。

　本人のせいというより時代の被害者ともいえますが、一度、非正規労働者になると正規に変わるのは難しいと言われます。それが30代から40代にかけても非正規が多い、上記の数字に表れています。

　雇用形態では、パート・アルバイトが1347万人で前年比27万人増、派遣社員が119万人で3万人増、契約社員が292万人で19万人増、嘱託が119万人で4万人増となっています。

企業の力がじわじわと削がれる

　非正規労働者を増やすことで人件費の圧縮には効果が出たに違いありませんが、中長期の経営で見たとき、結果的にプラスになるか疑問がわきます。

　派遣社員や契約社員はいずれ短期で辞めていく身です。それも自分の都合というより会社の都合でクビになるのです。

　そんな立場で、必死で働く気になるでしょうか。

　人件費の圧縮以上に、生産性が下がり、企業の力はじわじわと削がれるのではないかと危惧されます。

　これからの日本、サラリーマン志向は止めたほうがいい。特技を生かして、独力で生きると決心したほうがいいでしょう。

Cruel Japan
残酷な日本

ワーキングプアは1100万人です

年収200万円以下：**約1120万人**
（総務省・労働力調査）

1時間に700円も違います

　正規労働者と非正規労働者の平均賃金（1時間当たり）をみると、正規の一般労働者が1937円、正規の短時間労働者が1393円であるのに対し、非正規の一般労働者は1229円、短時間労働者は1027円です（厚生労働省「賃金構造基本統計調査」平成26年）。

■ **正社員と非正規社員の時給はこれほど違う**

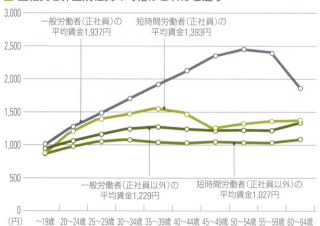

厚生労働省「賃金構造基本統計調査（平成26年）」より

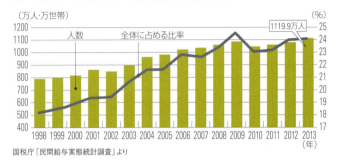

■ 年収200万円以下の給与所得者数・比率

国税庁「民間給与実態統計調査」より

8年連続で年収200万円以下が1000万人以上

　年収200万円以下のワーキングプアといわれる人たちは、国税庁「民間給与実態統計調査」によれば、2013年調査で8年連続となる1千万人超で、約1120万人もいます。1年を通じて勤務した給与所得者4645万人の24％。じつに、4人に1人です。

収入の差が大きすぎます

　総務省「労働力調査」で年収（2014年平均）をみると、男性の正規労働者は500〜699万円が22.4％と最も多く、次いで300〜399万円が20.3％です。しかし非正規労働者では、100〜199万円が30.7％で最も多く、次いで100万円未満が25.8％でした。
　女性では、正規労働者が200〜299万円で最も多く、次いで300〜399万円が21.9％。これに対して、非正規労働者は、100万円未満が46.2％と、ほぼ半数を占め、次いで100〜199万円が39.0％でした。でも今後は、コミュニケーション能力を鍛えて、ロボットや外国人に負けない仕事をするしか生きられませんよ。

3 Cruel Japan
残酷な日本

「生きているのがつらい」はずです

子どもの貧困率：16.3%
生活が「苦しい」：母子家庭の84.8%

（厚生労働省「国民生活基礎調査」）

6人に1人の子どもが貧困層

平成26年7月公表の厚生労働省「国民生活基礎調査」によると、平成24年の貧困線（等価可処分所得の中央地の半分）は122万円となっており、この貧困線に満たない世帯員の割合（相対的貧困率）は16.1%、17歳以下の子どもの貧困率は16.3%でした。

17歳以下の子どもの6人に1人は貧困層に分類されていることになります。平成3年の調査で、相対的貧困率＝13.6%、子どもの貧困率＝12.8%でしたが、ほぼ毎年上昇しています。

相対的貧困率は世界で4番目

日本の相対的貧困率（所得が著しく低い人が全人口に占める比率）は、メキシコ、トルコ、アメリカの次、世界で4番目に高いのです。最も低いのはデンマークの約5%。

母子家庭の半数以上が貧困層に

「子どもがいる現役世帯」(世帯主が18歳以上65歳未満で子どもがいる世帯)の世帯員についてみると15.1%。このうち、「大人が1人」の世帯員、その多くは母子家庭ですが、54.6%が貧困層となっています。

過去最高の就学援助率

経済的理由で就学が困難と認められ、就学援助を受けている小・中学生は、年々、高い割合で推移しています。平成24年(2012年)には約155万人。就学援助率は過去最高の15.64%です。

生活が「苦しい」国民は年々上昇

貧困率とは別に、生活意識を聞くと、国民の59.9%が「苦しい」(「大変苦しい」+「やや苦しい」)と答えていて、年次推移をみると、この「苦しい」と答えている世帯は年々上昇傾向にあります。

また、この「苦しい」と答えた世帯のうち母子家庭が84.8%、子どもがいる家庭が65.9%となっています。

母子世帯が増加する中で、働く母親の多くが給与水準の低い非正規雇用であることも影響しているでしょう。

それにしても国は格差が固定しないように、子どもたちにもっと積極的にキャリア支援などをしなくては!

Cruel Japan
残酷な日本 4

予算はどんどん削られています

生活保護受給者数：約216万5千人　約161万2千世帯
（平成26年9月・厚生労働省）

うなぎ上りに増える生活保護世帯

　生活保護制度は、憲法第25条の理念に基づき国民の「生存権」を保障するもので、社会保障の最後のセーフネットと呼ばれています。

　生活保護の受給者数は平成7年（1995年）約88万2千人余り（約60万2千世帯）でしたが、その後うなぎ上りに上昇し、平成21年（2009年）約176万3千人（127万4千世帯）となり、平成26年（2014年）9月、約216万5千人（約161万2千世帯）となりました。

受給世帯に多い高齢者世帯

　平成27年2月の受給世帯の内訳は、高齢者世帯約76万6千、母子家庭約10万9千世帯、傷病者・障碍者世帯45万5千、その他の世帯約27万8千世帯となっています。

第1部 ぼくらの日本はこんなにも残酷だ！──目をそむけたくなるほどの「現実」を見よ

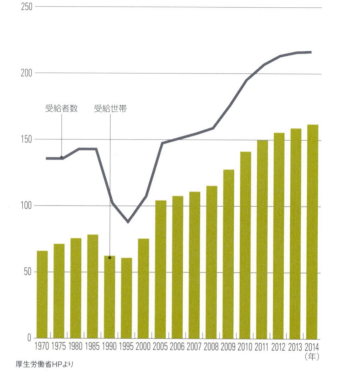

■ 生活保護受給者数の推移

（万人・万世帯）

厚生労働省HPより

国と地方で負担を分担

　国の生活保護費は、平成27年度、前年比180億円マイナスの約2兆9千億円。これは社会保障関係費31兆5千億円のわずか9.2%です。生活保護費は国が4分の3、地方自治体が4分の1を負担しますが、自治体によって保護率が異なり、負担の差は大きくなっています。

予算を削減の方向

　生活保護費負担金は削減の方向にあります。生活保護基準の見直しを2013年8月から3段階で進め、平成27年度までで670億円（国費ベース）の削減を見込みます。

　生活保護に至る前の段階での自立支援策の強化として、2015年（平成27年）4月から生活困窮者自立支援法が施行されましたが、生活保護基準の引き下げには批判の声が上がっています。

先進国に比べ捕捉率が低い

　真に正すべきは、先進国に比べて低すぎる捕捉率だという識者もいます。これは生活保護を利用する資格のある人のうち、現に利用している人の割合です。フランスは90％以上ですが、日本では3割程度です。

　しかし研究者によれば、本当は2割未満とも言われ、残りの8割以上が生活保護制度から漏れているといわれています。

申請が厳しくなった

　2013年12月に生活保護法が改正され、生活保護の申請が厳しくなりました。従来は口頭でも可能でしたが、書面で行われ、調査も厳格になりました。こうしたことによって、さらに利用しづらくなったという声があります。

　予算を減らすより、もっと自立支援、起業支援などをするべきではないでしょうか。

残酷な日本

3分の1の世帯で貯金できていません

貯蓄ゼロ世帯：**30.4%**（金融広報中央委員会）
家計貯蓄率：**－1.3%**（2013年度）（内閣府）

金融資産は5年で100万円減少

　日本銀行内に事務局を持つ金融広報中央委員会が、2014年6〜7月、世帯主が20歳以上でかつ世帯員が2名以上の世帯の家計の金融行動を調べた世論調査によると、金融資産の保有額の中央値は400万円です。

　2010年からの推移をみると、500万円⇒420万円⇒450万円⇒330万円⇒400万円となっています。金融商品別の構成比をみると、預貯金54.1%、生命保険18%、有価証券16.8%となっています。

30.4%が「貯金なし」

　ただし「金融資産を有していない」との回答が30.4%に及ぶことに注目です。前回は31.0%。およそ3分の1弱は貯蓄ゼロ世帯ということになります。

マイナスになった貯蓄率

貯蓄に関連して、2014年12月の内閣府「国民経済計算年報」の家計貯蓄率をみると、2013年は－1.3％となっています。1995年には9.6％あった家計貯蓄率は2007年に0.3％まで低下します。

その後持ち直し、2009年には2.6まで上がりますが、2011年から急激に低下。ついにマイナスになりました。この状況は、比較可能な統計が出ている1995年以降で初めてだといいます。マイナスということは貯蓄にお金が回らず、逆に金融資産を取り崩している状態です。

■ 家計の貯蓄率はついにマイナスに

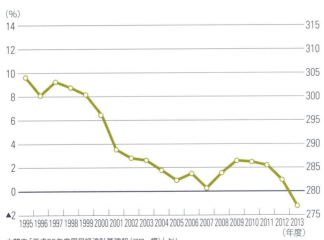

内閣府「平成25年度国民経済計算確報〈フロー編〉」より
注：家計貯蓄率＝(家計可処分所得＋年金基本年金準備金の変動〈受取〉－家計最終消費支出)÷(家計可処分所得＋年金基金年金準備金の変動〈受取〉)

貯蓄率マイナスは高齢化が拍車

　日本人は貯蓄が好きだといわれ、現に貯蓄率は高かったのですが、それだけに今回のマイナスは衝撃的です。対外経済関係をはじめ、日本経済のさまざまな側面に大きな影響が出る可能性を指摘する研究者もいるほどです。

　家計貯蓄率がマイナスになった原因を、高齢化に求める研究者が多くいます。つまり年金だけでは家計が不足して、貯蓄を取り崩しているということです。

82％の人が「老後が心配」

　「家計の金融行動に関する調査」でも、金融資産の保有目的は「老後の生活資金」が67.8％と前回の65.8％より上昇しています。

　しかし一方、その老後の生活については「心配である（非常に心配＋多少心配）」は82.7％と前回の81.6％比で上昇しています。「心配」の理由には、「年金や保険が十分ではないから」が74.9％（前回73.7％）、「十分な金融資産がないから」が70.5％（前回69.6％）です。

　それにしても日本全体に余裕がなくなっていますから、まず定額（4分の1）を貯蓄に回し、きつくても残りだけで生活する、という貯蓄優先の習慣をつけないと、お金は貯まりませんね。

Japan where I come to deadlock
行きづまる日本

医者にかかることもできない状態です

国民健康保険・保険料滞納：約372万世帯
（加入世帯の18.1%）

国民健康保険の加入者は

　国民健康保険は、市町村国保と職域国保に分かれます。職域国保では加入者は会社が加入する国民健康保険組合の健康保険に加入しているため給料から天引きされます。市町村などが運営している市町村国保の場合には、自営業者や年金生活者、さらには非正規労働者などが加入しており、毎年6月に請求が来て、住民票を登録している地方自治体に支払います。加入者は平成24年度でみると両者を合わせて約3768万人。全国民の約30%です。

保険料が払えない世帯は5.5世帯に1世帯

　厚生労働省の平成25年度データでは、市町村国保でおよそ5.5世帯に1世帯が保険料を滞納しています。
　職のない人や低賃金の非正規労働者の増加で、保険料が払えない世帯が増えているのではないかとみられています。健康保険は医者にかかる場合に絶対に必要であり、よほどの事情がない限り保険料を支払うからです。

Our Japan is such cruel

ぼくらの日本はこんなにも残酷だ……目をそむけたくなるほどの「現実」を見よ

■ 所得に対する保険料(税)負担状況

所得階級	保険料(税) (医療給付費分＋後期高齢者支援金分)		
	1世帯当たり額	所得に対する割合	課税標準額に対する割合
	円	％	％
総数	143,145	10.1	12.6
所得なし	27,449	―	―
～30万円未満	29,241	19.4	―
30万円以上～ 40万円未満	43,246	12.5	212.8
40万円以上～ 60万円未満	63,157	12.6	39.5
60万円以上～ 80万円未満	88,365	12.6	25.5
80万円以上～ 100万円未満	111,921	12.4	20.8
100万円以上～ 150万円未満	149,339	12.0	17.2
150万円以上～ 200万円未満	198,971	11.5	14.9
200万円以上～ 250万円未満	244,651	11.0	13.6
250万円以上～ 300万円未満	287,824	10.5	12.7
300万円以上～ 400万円未満	348,061	10.2	11.9
400万円以上～ 500万円未満	439,094	9.9	11.3
500万円以上～ 700万円未満	539,235	9.2	10.3
700万円以上～ 1,000万円未満	619,217	7.5	8.1
1,000万円以上～	639,229	3.1	3.2
所得不詳	123,718	…	…

厚生労働省「国民健康保険実態調査報告(平成23年度)」より
注：本表は平成23年9月末現在の市町村国保被保険者における平成23年度保険料(税)調定額並びに平成22年の所得及び課税標準額を比較したもの。

滞納世帯が多い東京圏

都道府県で滞納世帯が多いのは、東京都（24.1％）、熊本県（21.6％）、千葉県（21.2％）、埼玉県（21.1％）、大阪府・神奈川県（21.0％）の順。

滞納すると

滞納した世帯に対しては、納期限が過ぎた翌日以降に、通知書などによる納付の催促が来て、それでも納付しないと、通常の保険証ではなく、有効期限が数か月の「短期被保険者証」が交付されます。

さらに滞納が1年以上続くと、「被保険者資格証明書」に変わります。この場合は、医療費は全額支払わなくてはなりません。1年半以上滞納が続くと、高額医療費などの保険給付がほぼストップします。

差押え金額は約900億円にも

なかでも自治体が「悪質」と判断した場合には、差押えが行われます。平成24年度では24万3540件の差押えが実施され、差押え金額は896.3億円に上りました。

==生活の中での必要経費は、いつも優先順位をつけておきたいものですけどね。==

Japan where I come to deadlock
行きづまる日本 2

明日の食べ物が突然なくなる!?

食料自給率：カロリーベース：39%
食料自給率：生産額ベース：65%
（平成25年度・農林水産省）

国産の食料でどれだけまかなえるか

　食料自給率とは、国内で消費する食料を国産でどれだけまかなっているかを示す割合です。

　その示し方には、単純に重量で計算できる品目別自給率と、食料全体について共通の物差しで単位をそろえることで計算する総合食料自給率があります。

　後者には、熱量（カロリー）で換算するカロリーベースと、金額で換算する生産額ベースがあります。

先進国の中で日本は自給率が低い

　平成25年度のカロリーベース自給率39%は、国民1人1日あたりの国産食料の供給熱量（939カロリー）を、輸入農産物を含めた供給熱量（2424カロリー）で割って出したものです。

平成23年度のカロリーベースの自給率で先進国の自給率を比較すると、カナダ258、オーストラリア205、フランス129、アメリカ127、ドイツ92などとなり、日本はかなり低くなります。

■ **日本の食料自給率は先進国で最低**

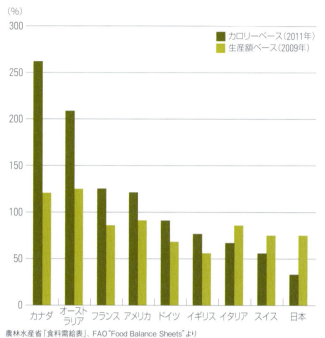

農林水産省「食料需給表」、FAO "Food Balance Sheets" より

下げた自給目標

　政府は2015年(平成27年)3月末、今後10年間の農業政策の方向性を示す【食料・農業・農村基本計画】を決めましたが、5年後の平成32年度までのカロリーベースの食料自給率の目標を、現行の50％から45％に引き下げました。

　自給率はここ4年連続、39％で推移しており、より現実的な数字に改めたとみられています。

生産額ベースでは70%だが

 一方、生産額ベース（平成21年度）でみると日本は70％であり、オーストラリア128、カナダ121、アメリカ92、フランス83、イタリア80より低く、ドイツ70、スイス70と同じ、イギリス58より高くなっています。

 こうして比較すると、日本の自給率は総じて先進国に比べて低いといってよいでしょう。

 品目別自給率で特に低いのは、飼料用トウモロコシ0％、以下、大豆7、肉類8、小麦12、牛乳・乳製品27などです。

需要が拡大する食料

 日本の総人口は減少していますが、世界規模では開発途上国を中心に増加しています。総務省統計局の推計で見ると、2050年（平成62年）の世界の総人口は95億5千万人となります。

 それにともなって食料全体の需要は2000年（平成12年）比1.6倍、穀物では1.7倍に拡大する見通しで、全体的に食糧の需給がひっ迫する恐れがあります。

自給には不安がいっぱい

 そうした背景もあり、内閣府の調査だと将来の食料供給に対して国民の82％が「不安がある」と答えています。

 不安がありながら、贅沢に食べ残してしまう。意識をもっと徹底させないとこの問題は解決できませんね。

3 行きづまる日本
Japan where I come to deadlock

食品ロスがハンパじゃありません

食べられるのに捨てる食品ロス：年500〜800万トン
（農林水産省）

生産量の3分の1を廃棄

　世界で、食べ物がなく飢えに苦しんでいる人々は減少する傾向にあるとはいえ、それでもまだ約8億7千万人（世界人口の8人に1人）が飢えに苦しんでいるといいます。

　それなのに、農業でつくられた作物が食べられるまでに至るフードチェーン全体で、世界の生産量の3分の1にあたる約13億トンの食糧が毎年捨てられているのが現状です。ほとんどが先進国での消費段階でのムダです（農林水産省「食品ロス削減に向けて」平成25年9月）。

食べられるのに捨てられる

　日本でも、年間約1700万トンが捨てられ、このうち本来なら食べられるのに捨てられているもの（いわゆる食品ロス）が、年間約500〜800万トン含まれていると推計されています。

　内容をみると、食品関連業者（商品製造・卸売・小売り・外食産業）から出される廃棄物1713万トンのうち、規格外品・返品・売れ残り・食べ残しなどで捨てられた、食べられる部分と考えられる量

が300〜400万トンあり、一般家庭からの廃棄物1072万トンのうち、食べ残し・過剰除去・直接廃棄などで捨てられた、食べられる部分と考えられる量が200〜400万トンあります。

これらは飼料や肥料などとして再生利用されるほかは、ほとんどが焼却・埋立処分されてしまいます。もったいない話です。

野菜や穀物に多い食べ残し

レストラン等から出る食品ロスは、客の食べ残しだけでなく、製造・調理段階での仕込み過ぎなどもあります。食べ残しで多いのは野菜や穀物など。一般家庭からのでは皮を厚くむき過ぎたり、脂っこい部分を調理前に取り除くなどしたり、作りすぎたり、冷蔵庫等に入れたままで期限切れになった食品だといいます。

賞味期限前でも捨てられる

手つかずで捨てられた食品の賞味期限の内容では、半年以上過ぎたものが24％だが、賞味期限前の食品ごみも24％あるとのこと。1週間以内のものも19％。やはり、もったいない！

理解したい賞味期限の意味

加工食品には、賞味期限、または消費期限のいずれかの期限表示がなされています。消費期限は期限を過ぎたら安全性を欠くことになりますが、賞味期限は美味しく食べられる期限。だから、期限が過ぎても食べられないというわけではありません。

膨大な食品ロスのスケール

農水省によれば、この年間約500〜800万トンに及ぶ食品ロスは、世界全体の食料援助量（2011）の約2倍に相当し、同時に日本のコメ生産量（2012）に匹敵し、日本がODA援助（2009）しているナミビア、リベリア、コンゴ民主共和国3カ国分の食料の国内仕向量に相当するといいます。

<mark>私は大きな無駄を承知でやっている「バイキング」を、すぐにやめよと訴えたい。</mark>

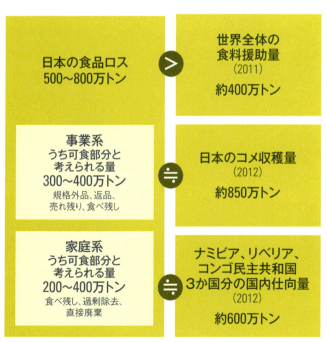

農林水産省「日本の食品ロスの大きさ」より

第1部 ぼくらの日本はこんなにも残酷だ！──目をそむけたくなるほどの「現実」を見よ

Japan severe on the weak
弱者にきびしい日本

借りた学費も返せません！

奨学金3か月以上滞納者：**約18万7千人**
（日本学生支援機構）

滞納者年収300万円未満：**80.2%**（滞納者のうち）

返済しなくてはならない奨学金

奨学金には、もらったお金を返済する必要のない給付型奨学金もあるが、多くの学生が利用しているのは、返済の義務のある日本学生支援機構（以下、機構）の貸与型の奨学金。機構の貸与型奨学金には、無利子の第一種奨学金と、有利子の第二種奨学金とがあります。いずれにしても貸与ですから、大学を卒業して社会人となったら返済しなくてはなりません。

平成25年度末現在、返済を要する者は342万4千人。このうち1日以上の延滞者は33万4千人。3か月以上の延滞者は18万7千人となっています。

延滞者の年収は少ない

若者の雇用情勢は昔とは大きく様変わりしています。就職氷河期もあったし、低賃金の非正規雇用者も多くなり、正規労働者も必ずしも賃金が毎年上昇していくわけではない時代になっています。現に、機構の「平成25年度奨学金の延滞者に関する属性調査」

によると、延滞者の年収は、0円(無収入)15.1%、1円〜100万円未満19.3%、100万円〜200万円未満24.0%、200万円〜300万円未満21.8%と、ここまでで80%を超えます。卒業後の生活は楽ではなく、だから滞納してしまうのです。

■ 奨学金延滞者の年収との関係

区分	延滞者 人数(人)	延滞者 割合(%)	無延滞者 人数(人)	無延滞者 割合(%)
0円	592	15.1	167	6.7
1円〜100万円未満	754	19.3	232	9.3
100万〜200万円未満	937	24.0	382	15.4
200万〜300万円未満	852	21.8	636	25.6
300万〜400万円未満	430	11.0	486	19.6
400万〜500万円未満	198	5.1	287	11.6
500万〜600万円未満	82	2.1	127	5.1
600万〜700万円未満	34	0.9	67	2.7
700万〜800万円未満	15	0.4	40	1.6
800万〜900万円未満	5	0.1	13	0.5
900万〜1000万円未満	9	0.2	12	0.5
1000万円以上	4	0.1	34	1.4
計	3,912	100.0	2,483	100.0

日本学生支援機構「平成25年度奨学金の延滞者に関する属性調査結果」より

社会人1年生から大きな借金が

借金（貸与型の奨学金はローンです）までして大学に行く必要があるのか、という意見もありますが、学生生活での奨学金のウエイトは小さくはありません。

機構の「平成24年度学生生活調査」では、自宅・寮・下宿などを通した学部生の学生生活での年間収入199万7300円のうち、奨学金は約41万円（20.5％）です。

機構のホームページにある試算では、貸与月額8万円で4年、利率1％だと総額約426万円になり、20年間にわたり毎月17737円を返していくことに。厚生労働省の調査よる平成26年度初任給は、大学卒で約20万円ですから、毎月の2万円前後の返済額は決して軽い金額とは言えません。

延滞したら

延滞すると延滞金が課され、連帯保証人・保証人に請求書が送られ、長期間延滞すると差押え・強制執行に至る民事訴訟法に基づく法的措置が取られます。借りたものは返すのが当然という意見もありますが、外国では給付型の奨学金が一般的で、大学までの授業料もタダという国が多いのです。

OECD「図表で見る教育2014年版」でも日本の公的な奨学金の恩恵を受けている学生は少ないと指摘されています。「教育は将来の国づくりに向けた投資」という観点から、日本の奨学金を考えなくてはいけないのではないでしょうか。

期間限定 【書籍購入キャンペーン】
今すぐ申込を！

この残酷な日本であなたが生き残るには？

年収1億円以上の顧客を50人以上抱えるカリスマFP江上治が
この残酷な日本で生き抜いていくための人生についての「お金」
の話をまとめた30ページの資料と、
一流の営業マンがなぜお金を稼ぐことができるのか
その秘密を解説した講演動画（90分）を
読者の方だけにお届けします。

複数購入特典もあり！

特典1 江上治の講座動画約90分
超一流営業マンのための7つのマスターキー

特典2 江上治の講演資料 (PDF)
ビジネスマンにとって大事な人生とお金の話

登録方法 パソコン・スマートフォンから以下のURLへアクセス。
「期間限定書籍購入キャンペーン」バナーをクリックしてください。

http://integr.jp/

オフィシャルインテグレート　　検索

Japan severe on the weak

弱者にきびしい日本

年々、外国人に労働を奪われています

外国人労働者：**78万7627人**
（厚生労働省）

過去最高を記録

外国人労働者数は、平成26年10月末現在78万7627人で、前年同期比約7万人（9.8％）の増加、2年連続で過去最高を更新しています。この増加は、エンジニアや研究者など、いわゆる高度外国人材や、留学生の受け入れが進んでいることに加え、やや雇用情勢に明るさが見られることなどが背景にあるとみられます。

専門的・技術分野には14万7千人で約1万5千人増（11.1％増）、資格外活動（留学）には約12万5千人で約2万3千人増（22.1％増）となっています。

ベトナムとネパールが大幅増

国籍別では、①中国（約31万2千人・全体の39.6％）、②ブラジル（約9万4千人・同12％）、③フィリピン（約9万1千人・同11.6％）、④ベトナム（約6万1千人・同7.8％）の順。

前年同期比ではベトナムの63.0％増、ネパール約2万4千人の71.3％増が大幅増で目立つ国です。

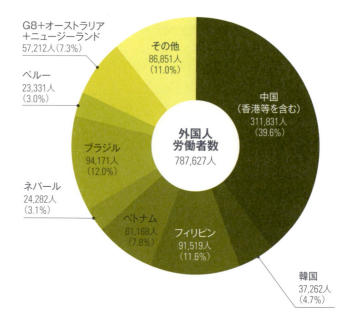

13万カ所を超えた雇用事業所

　外国人を雇用している事業所は約13万7千カ所。初めて13万事業所を超えました。都道府県別でみると、①東京（約22万9千人・全体の29.1％）、②愛知（約8万4千人・同10.7％）、③神奈川（約4万7千人・同6.0％）、④大阪（約4万人・同5.1％）、⑤静岡（約3万8千人・同4.8％）となっています。

着実に増加の傾向

2016年度から外国人技能実習制度の対象に「介護」が追加されるなど、外国人労働者は着実に増加する趨勢に。現在の産業別外国人雇用の割合をみると、①製造業26.4％、②卸売業・小売業16.6％、③宿泊・飲食サービス業14.0％となっています。

==単純な仕事ほど、こうした外国人労働者に奪われていきます。外国人労働者に代替されないためには、何かを生み出す仕事に就くしかありません。==

不法残留者は約6万人

正規に入国し、まじめに働いている外国人労働者には関係ありませんが、法務省の調べでは、==平成27年1月1日現在、不法残留者数は約6万人。前回（平成26年）に比べて946人増加しました。==平成5年5月1日現在で29万8千人となって以来、一貫して減少してきましたが、今回は増加に転じました。

タイ、ベトナムが大幅増加

国別での不法残留者は、①韓国（13634人）、②中国（8647人）、③タイ（5277人）、④フィリピン（4991人）、⑤台湾（3532人）、⑥ベトナム（2453人）の順で、このうちタイは前回比約20％、ベトナムは約67％の増加です。

弱者にきびしい日本

Japan severe on the weak

許せない犯罪が増え続けています

児童虐待相談件数：7万3802件
（厚生労働省）

増え続ける児童虐待

児童虐待は年々増加しています。全国の児童相談所での児童虐待に関する相談対応件数は、児童虐待防止法施行前の平成11年度に比べて、平成25年度は約6.3倍、7万3802件となっています（厚生労働省・児童虐待の現状）。

■ 児童虐待の相談件数は7万件を超える

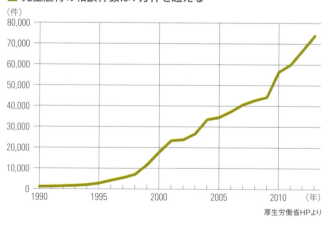

厚生労働省HPより

さまざまな虐待

その内訳は、心理的虐待（言葉による脅し・無視・子どもの前でのドメスティックバイオレンスなど）が38.4％、身体的虐待（殴る・蹴る・投げ落とす・やけどを負わせるなど）が32.9％、ネグレクト（家に閉じ込める・食事を与えない・ひどく不潔にするなど）が26.6％、性的虐待（性的行為・ポルノグラフィの被写体にするなど）が2.1％。

実母、実父が加害者に

虐待を受けた子供の年齢構成別では小学生が35.3％と最多。次いで3歳から学齢前児童が23.7％、0歳から3歳未満が18.9％。だれによって虐待されたかの虐待者別では、実母が54.3％、実父が31.9％とこの両者で大半を占め、ほかには実父以外の父6.4％、実母以外の母が0.9％。

背景にあるのはお金の問題、ストレスが大きいと思います。

90人が虐待で死亡

警察が検挙した児童虐待事件も年々増えています。平成24年には476人の子どもが被害に遭っていて、これは平成11年以来、最多。被害者として死亡した子どもは32人。特に4歳以下の子どもの死が約7割と目立ちます。

態様別では、身体的虐待が72.9％、性的虐待が23.7％。児童虐待によって死亡した件数は高い水準で推移しており、平成24年度は心中で51人、心中以外で39人の計90人に及びます。

弱者にきびしい日本

Japan severe on the weak

過労自殺は毎日6人以上です

自殺者：25427人
(内閣府)

長期的には高い水準

平成10年（1998年）、前年に約2万4千人だった自殺者はいきなり約3万3千人と3万人台を突破し、以来平成23年（2011年）まで14年間にわたり3万人を超える状態が続きましたが、24年に3万人を切り、25年2万7283人、26年2万5427人と減少傾向が続いています。

<mark>平成26年の自殺者は、男性が1万7386人と全体の68.4％を占めています</mark>（警察庁の自殺統計に基づく自殺者数の推移・内閣府）。減少傾向にあるとはいえ、この数字は、戦後の長期的な推移をみても最も高い水準にあります。

世界規模でみると

世界規模でみると2012年約80万人が自殺し、インドの約25万8千、中国約12万、アメリカ約4万3千、ロシア約3万、次いで日本となっています。

健康、経済・生活が原因

日本で、平成26年、自殺の原因・動機が明らかな者のうち、その原因・動機が「健康問題」にあるものは1万2920人で最多。

次いで「経済・生活問題」(4144人)、「家庭問題」(3644人)、「勤務問題」(2227人)、「男女問題」(875人)、「学校問題」(372人)。

■ 年齢別にみる自殺の原因・動機

(単位：人)

原因・動機別／年齢別		～19歳	20～29歳	30～39歳	40～49歳	50～59歳	60～69歳	70～79歳	80歳～	不詳	合計
合計	計	483	2,679	3,513	4,471	4,436	4,359	3,352	2,238	2	25,533
	男	316	1,873	2,387	3,160	3,227	2,947	2,003	1,223	1	17,137
	女	167	806	1,126	1,311	1,209	1,412	1,349	1,015	1	8,396
家庭問題	計	82	281	520	650	631	577	524	379		3,644
	男	50	188	294	415	404	365	301	210		2,227
	女	32	93	226	235	227	212	223	169		1,417
健康問題	計	104	905	1,438	1,995	1,988	2,535	2,325	1,630		12,920
	男	51	503	798	1,150	1,196	1,500	1,337	883		7,418
	女	53	402	640	845	792	1,035	988	747		5,502
経済・生活問題	計	16	397	564	872	1,110	847	280	57	1	4,144
	男	14	355	503	800	1,000	754	221	40	1	3,688
	女	2	42	61	72	110	93	59	17		456
勤務問題	計	20	441	509	582	479	164	30	2		2,227
	男	13	368	459	520	445	155	26	2		1,988
	女	7	73	50	62	34	9	4			239
男女問題	計	45	278	276	192	51	20	11	2		875
	男	24	167	167	140	36	15	5	1		555
	女	21	111	109	52	15	5	6	1		320
学校問題	計	167	200	4	1						372
	男	129	166	4	1						300
	女	38	34								72
その他	計	49	177	202	179	177	216	182	168	1	1,351
	男	35	126	162	134	146	158	113	87		961
	女	14	51	40	45	31	58	69	81	1	390

内閣府「平成26年中における自殺の状況」より

「うつ」と「生活苦」

原因・動機の内容に踏み込んでみると、「健康問題」では、【病気の悩み・影響】(うつ病)が最多、次いで同じく【病気の悩み・影響】(身体の病気・その他の精神疾患・統合失調症)などとなっています。「経済・生活問題」では、【生活苦】がいちばん多く、以下、【負債(多重債務)】、【負債(その他)】、【事業不振】と続きます。【失業】や【就職失敗】も多い。

「不和」と「仕事の疲れ」

「家族問題」では、【夫婦関係の不和】がいちばん多く、【家族の将来悲観】、【家族の死亡】、【親子関係の不和】、【介護・看病疲れ】となっています。「勤務問題」では、【仕事疲れ】がトップ。次いで【職場の人間関係】、【仕事の失敗】、【職場環境の変化】です。

毎日6人以上が過労自殺

自殺の背景にそれぞれ問題があるが【勤務問題】を「過労自殺」としてとらえる見方もあります。ここ数年減少傾向にありますが、それでも1年に2227人の過労自殺とすれば、毎日6人以上が仕事の過労やストレスで自殺していることになります。

ともあれストレスを回避するためには、これからは借金をするな、固定費を増やすな、と言いたい。家も車も持たず、身軽に生きていくことが第一だと思います。

5 Japan severe on the weak
弱者にきびしい日本

出生・結婚・離婚が減り死亡が増加

出生数：100万1000人
（平成26年推計・厚生労働省）

31秒に1人が誕生

「平成27年我が国の人口動態（平成25年までの動向）」（厚生労働省）によれば、平成25年の出生数は102万9816人で、31秒に1人が誕生。死亡は126万8436人で25秒に1人死亡。婚姻は66万613組で48秒に1組がゴールイン。離婚は23万1383組で2分16秒に1組が別れています。

生まれる子どもは一貫して減少

これを平成26年の推計（厚生労働省）と比較すると、平成26年の出生は100万1千人となり約2万9千人減。死亡者は126万9千人で約1千人の増加。婚姻は64万9千組となって約1万2千組の減。離婚も22万2千組で約9千組の減少となる見込み。

1日に生まれる子どもの数を昭和22年から追うと、昭和22年の7339人から多少の凸凹はありながら、一貫して減少を続けています。

ぼくらの日本はこんなにも残酷だ！──目をそむけたくなるほどの「現実」を見よ

■ 1日平均件数の年次推移

	出生	死亡	乳児死亡	死産	婚姻	離婚
2013年	2,821	3,475	6	66	1,810	634
2012年	2,834	3,433	6	68	1,828	643
2011年	2,879	3,433	7	71	1,813	643
2005年	2,911	2,969	8	87	1,957	718
2000年	3,253	2,627	10	105	2,181	722
1995年	3,252	2,526	14	108	2,170	545
1990年	3,347	2,247	15	148	1,978	432
1985年	3,922	2,061	22	189	2,016	457
1980年	4,308	1,975	32	212	2,117	387
1975年	5,209	1,924	52	279	2,580	326
1970年	5,299	1,953	70	370	2,820	263
1965年	4,996	1,919	92	443	2,616	211
1960年	4,388	1,931	135	490	2,366	190
1955年	4,742	1,900	188	502	1,959	206
1950年	6,404	2,479	385	594	1,959	229
1947年	7,339	3,118	563	339	2,559	218

厚生労働省「平成25年我が国の人口動態」より

死因はがん、特に肺がん

目を死者に向けると、平成25年の死因別死亡率（人口10万対）では、がん290.3、心臓病156.5、肺炎97.8、脳卒中94.1、老衰55.5の順。がんは昭和56年以降、ずっと死因順位の1位をキープしています。がんの中でも男性では肺がんが一貫して上昇を続け、平成5年以降は死亡率85.1で断トツの1位。女性では大腸がん（死亡率33.9）と肺がん（32.1）が1位を争っています。

初婚年齢は男性、女性とも上昇

結婚した年齢（初婚）をみると、昭和22年では夫26.1歳、妻22.9歳でしたが、その後上昇し、平成25年では夫30.9歳、妻29.3歳となっています。また、平均再婚年齢では、昭和22年には夫36.5歳、妻29.3歳でしたが、平成25年には夫42.4歳、妻39.4歳となっています。

熟年離婚が増加

離婚は平成14年に約29万件で有史以来の最高となりましたが、その後減少に。同居期間別では、平成14年に5年未満と5年以上10年未満で減少に転じました。現在では、35年以上の熟年離婚の割合が高くなっています。

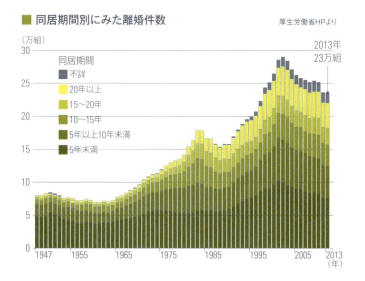

■ 同居期間別にみた離婚件数　　　　　厚生労働省HPより

第1部 ぼくらの日本はこんなにも残酷だ…目をそむけたくなるほどの「現実」を見よ

1 Japan where I scream
悲鳴上げる日本

7割近くの世帯が老老介護です

要介護者：545万7千人
（厚生労働省）

増加する要介護認定の高齢者

「平成27年版高齢社会白書」によると、65歳以上の要介護者等認定者数は平成24年度末までで約545万7千人。平成13年度（2001年）末から、258万人増加。

また、75歳以上で要介護の認定を受けた人は75歳以上の被保険者のうち23.0%を占めています。

介護の費用負担は

「介護が必要になった場合の費用負担」に関する意識では、同白書で内閣府「高齢者の健康に関する意識調査」（平成24年）を載せています。

それによれば、「特に用意しなくても年金等の収入でまかなえると思う」が42.3%、「必要なだけの貯蓄の用意があると思う」が20.3%、「子どもの経済的援助を受けると思う」が9.9%、「自宅などの不動産を担保にお金を借りる」が7.7%、「資産等の売却でまかなう」が7.4%となっています。

限度額を超えると全額自己負担

　介護保険サービスを利用した場合の利用者負担は、原則として、かかった費用の1割。居宅サービスでは利用できるサービスの支給限度額が要介護別に定められています。例えば要介護2での限度額は月に19万6160円。限度額を超えた場合は全額が自己負担です。低所得や高額費用の場合には負担の軽減措置もありますよ。

■ 居宅サービスの1ケ月あたりの利用限度額

要支援1	50,030円
要支援2	104,730円
要介護1	166,920円
要介護2	196,160円
要介護3	269,310円
要介護4	308,060円
要介護5	360,650円

老老介護は7割近い

　主な介護者は、6割以上が要介護者と同居している人で、内訳は、配偶者が26.2％、子が21.8％、子の配偶者が11.2％。性別では女性68.7％、男性31.3％で圧倒的に女性が多い。年齢では、男性では69.0％、女性では68.5％が60歳以上で「老老介護」になっています。

　いずれにしても、若いうちからあなたと家族の10年間を把握して、準備をしておくべきですね。

第1部 ぼくらの日本はこんなにも残酷だ……目をそむけたくなるほどの「現実」を見よ

Japan where I scream
悲鳴上げる日本 2

独居老人の増加が止まりません

孤独死を身近に感じる一人暮らし高齢者：
44.5%
（内閣府）

1000万を超えた高齢者のいる世帯

「平成27年版高齢社会白書」によると、高齢者のいる世帯は平成5年（1993年）に、初めて1176万世帯と1千万世帯を超えましたが、平成25年（2013年）には、2242万世帯と2千万世帯を超えました。

このうち最も増加の激しいのが、高齢者が1人で暮らす高齢単身世帯。平成5年の182万世帯から、20年後の平成25年には573万世帯と3倍超となりました。

増える高齢者の孤独死

これに伴って増えているのが、だれにも看取られることなく亡くなり、相当期間放置される「孤独死」です。東京都監察医務院が公表しているデータによると、都内1人暮らしで65歳以上の人の自宅での死亡者数は、平成14年（2002年）1364人から、平成25年2869人と増加しているといいます。

また、独立行政法人都市再生機構が運営管理する賃貸住宅約

75万戸で、単身居住者で死亡から相当期間経過後（1週間以上）発見された件数〈自殺・他殺は除く〉は、平成25年194件、うち129件が65歳以上だったといいます。

■ 都内1人暮らしで65歳以上の自宅での死亡者数

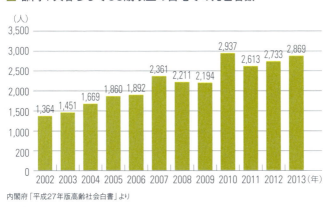

内閣府「平成27年版高齢社会白書」より

日々会話があれば孤独死を感じない

　65歳以上の一人暮らしの男女に、孤独死について身近に感じるかを聞いた「一人暮らし高齢者の意識に関する意識調査」（内閣府）では、感じる（とても感じる＋まあ感じる）が44.5％、感じない（あまり感じない＋まったく感じない）が52.1％。

　会話の頻度別でみると、「感じる」とする人で、毎日会話する人は38.2％、1ヵ月に1〜2回の会話がある人は63.4％と、2倍近い開きがありました。やはり人とつながることができるコミュニケーション能力です。若いうちからこの能力を磨きましょう。

第1部 ぼくらの日本はこんなにも残酷だ！——目をそむけたくなるほどの「現実」を見よ

Japan where I scream

3 悲鳴上げる日本

DVが止まりません

DVで検挙：10年で5倍に

配偶者からの暴行

　全国20歳以上の男女に聞いた「男女間における暴力に関する調査」（内閣府・平成26年）によると、結婚した経験のある人のうち、配偶者（事実婚や別居中の夫婦、元配偶者も含む）から、「身体に対する暴行」「精神的な嫌がらせや恐怖を感じるような脅迫」「生活費を渡さないなどの経済的圧迫」「性的な行為の強要」のいずれかについて、「1度でも受けたことがある」女性23.7％、男性16.6％となっており、このうち「何度もあった」女性9.7％、男性3.5％でした。

■「身体的暴行」「心理的攻撃」「経済的圧迫」「性的強要」の
　いずれかを1つでも受けたことがある

内閣府「平成26年度男女共同参画社会の形成の状況」より

事件の被害者は女性

配偶者間での暴力、すなわちドメスティックバイオレンス（DV）の被害者は、多くの場合女性です。平成26年に警察が検挙した配偶者間における殺人、傷害、暴行事件は5807件で、そのうち5417件（93.3%）は女性が被害者でした。特に傷害（94.5%）、暴行（94.0%）が高く、この両者が26年は急増しました。

配偶者間暴力の相談件数は10万を突破

こうした配偶者間の暴力については、各都道府県の婦人相談所などが支援センターの機能を果たしています。全国の支援センターへの相談は毎年増加しており、平成26年度の相談は約10万3千件と、初めて10万を突破。

また、警察における暴力相談等（暴力事実を相談、援助要求、保護要求、被害届・告訴状の受理、検挙等）の対応は、約1万2600件だった平成15年（2003年）以降、年々増加し、平成26年には5倍近い約5万9千件となりました。

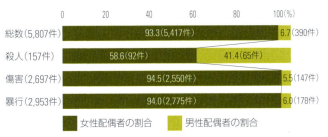

■ 配偶者間における犯罪（殺人・傷害・暴行）の被害者の男女別割合

内閣府「平成26年度男女共同参画社会の形成の状況」より

一時保護は例年1万件以上

婦人相談所は、配偶者暴力の被害者およびその同伴家族の一時保護を行っています。

平成26年度には約1万1800件の一時保護件数がありましたが、例年1万件以上保護されています。婦人相談所は配偶者からの暴力の被害者以外にも、帰住先がない女性や、人身取引被害者等の一時保護を行っています。

早く別れるためのハードル

暴力を受けるくらいなら早く別れて生活すればいいのですが、「配偶者と離れて生活するにあたって困ったこと」を聞いた調査（平成18年）によると、

「当面の生活をするために必要なお金がない」(54.9%)
「自分の体調や気持ちが回復していない」(52.9%)
「住所を知られないようにするため住民票が移せない」(52.6%)
「裁判や調停に時間やエネルギー、お金を要する」(48.9%)
「相手が怖くて家に荷物を取りに行けない」(48.1%)
などとなっています。

やはりお金が重要な役割を演じています。少しずつでいいから、貯める努力をしていきたいですね。

Japan where I scream

悲鳴上げる日本

4

精神疾患患者が大幅に増加しています

認知症の高齢者：2025年には700万人
(厚生労働省)

うつ病、認知症が増加

　厚生労働省の調べでは、精神疾患で医療機関にかかっている患者数は、近年大幅に増加しており、平成23年には320万人と300万人を超えています。内訳は、多い順に、うつ病、統合失調症、不安障害、認知症など。特にうつ病、認知症が増加しています。

メンタルヘルス対策の重要性

　医療機関に受診する患者数が平成23年度95万人程度といわれる「うつ病」は、職場のストレスや本人の資質、家庭や社会環境の影響が大きいといわれています。職場でのメンタルヘルス対策の重要性も指摘されています。

対策に取り組む企業

　平成25年厚生労働省「労働安全衛生調査」によれば、過去1年間にメンタルヘルス不調で連続1か月以上休業、または退職した

労働者がいる事業所は10.0％で、24年の8.1％より多くなっています。産業別では情報通信業が28.5％と最大。メンタルヘルス対策に取り組んでいる事業所は60.7％。事業所規模が大きくなるほど高く、300人以上では90％を超えています。

仕事に強い悩み、ストレス

自分の仕事や職業生活での不安、悩み、ストレスについて相談できる人がいる労働者は90.8％に及び、相談相手としては「家族・友人」82.2％、「上司・同僚」75.8％となっています。

さらに仕事や職業生活に関することで強い不安、悩み、ストレスとなっている事柄は、「仕事の質・量」65.3％、「仕事の失敗、責任の発生等」36.6％、「セクハラ・パワハラを含む人間関係」33.7％などです。

高齢者の約5人に1人が認知症に

高齢化社会の進展で問題視されるのは「認知症」の増加です。2015年1月、政府は認知症施策推進総合戦略（新オレンジプラン）を決めましたが、その中で10年後の2025年の認知症の高齢者は700万人（高齢者の約5人に1人）となる推計しています。

認知症による入院患者・外来患者の合計は、平成23年で51万2千人。65歳未満で発症する若年性認知症は、2009年時点で推計約3万8千人。家族を支える現役世代の支援のために、都道府県に相談窓口を設けて交流の場づくりや就労支援を進めています。

認知症などの介護料を肩代わりする生命保険もあります。専門家をうまく活用したいものです。

Japan with the low degree of prosperity

幸福度が低い日本

幸福度ランキングで日本は46番目です

老後が不安：**57.9%**
（内閣府）

日本の幸福度は48番目

　国連は2015年4月、今回で3回目となる世界の幸福度調査についての調査報告書を発表しました。国民1人当たりの実質GDP、人生選択の自由度、汚職レベルの低さなどから算出しますが、対象となる158カ国のうち、1位スイス、2位アイスランド、3位デンマークなどとなっています。==アジアでは、台湾38位、日本は46位。韓国47位、中国84位。先進国・日本の位置はこれでいいのでしょうか。==

総じては高い「幸せ度」

　日本での「国民生活選好度調査」（内閣府・平成23年度版）を見ると、どの程度幸せかを10段階評価（「とても幸せ」が10点）で尋ねた結果、平均値は6.41でした。過去2年もほぼ同じです。ただ、7点（20.0）、8点（17.7）と高い点を答えた人が多く、この調査では総じて幸せ度はやや高いと言えます。

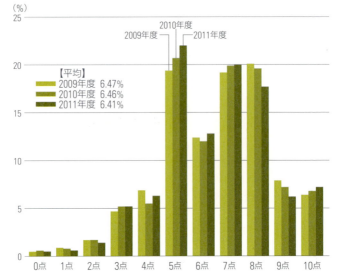

■ 個人の幸福感の経年比較

内閣府「個人の幸福感の経年比較」より
注：どの程度幸せかを10段階評価（「とても幸せ」を10点、「とても不幸」を0点）とする

生活は向上しているか

　平成26年（2014年）6月に調査した「国民生活に関する世論調査」（内閣府）では具体的に尋ねています。「去年と比べて生活はどうか」について、「向上している」6.0%、「同じようなもの」72.9%、「低下している」20.9%。前回の調査との比較では、「低下している」の声が約4ポイント増加しています。

不満が多い金銭面

　「現在の生活にどの程度満足か」については、

「満足」70.3％、「不満」29.0％。

所得・収入の面では「満足」44.7％、「不満」54.1％。

資産・貯蓄の面では「満足」37.3％、「不満」60.2％。

食生活の面では「満足」86.4％、「不満」13.1％。

住生活の面では「万足」78.6％、「不満」20.9％。

老後の生活に不安や悩み

日ごろの生活の中で「悩みや不安を感じているか」については、「感じている」66.7％、「感じていない」32.6％。「悩みや不安を感じている」と答えた人にその内容を聞くと、<mark>「老後の生活設計」57.9％が最も高く、以下、「自分の健康」49.7％、「家族の健康」41.9％、「今後の収入や資産の見通し」41.0％。</mark>

生活の意識は「中の中」

「生活の程度は世間一般から見てどうか」を聞いたところ、「上」と答えた人の割合は1.2％、「中の上」12.4％、「中の中」56.6％、「中の下」24.1％、「下」4.6％でした。

「今後の生活の見通し」では、「良くなっていく」8.9％、「同じようなもの」62.7％、「悪くなっていく」26.8％。「今後の生活の力点」を聞いたところ、「レジャー・余暇生活」が37.5％、「所得・収入」34.3％、「資産・貯蓄」33.4％、「食生活」30.2％となっています。

<mark>生きる考え方や働き方を変える時代ですね。生活の中での不安の要素を一つ一つなくしていくべきです。そして何よりも自分資本（第2部参照）を豊かにすることが重要です。</mark>

第2部 Survive with three capital from now on

これからは3つの資本で生きのびよ!

——自分の「強み」を知り、助け、助けられよ

第1部では日本の残酷な姿を、
遠慮なくえぐり出しました。
しかし、この残酷な日本で私たちは
生きていかなくてはなりません。
では、どうするべきなのか。
そしてどうすればうまく生きていくことができるか。
第2部では、それを考えていきます。
残酷な日本の中心には「お金」が
どっかりと座りこんでいるように見えますが、
実は人生の中でお金のウエイトは、
思い込んでいる以上には高くなく、
お金以上に重要な要素があるのです。

テクニック偏重の「手段思考」をやめよ

 世の中で、私が「残念だな」と思っている一つに、テクニック偏重の「手段思考」というべきものがある。テクニック、あるいは手段を最上として求める。それが手に入れば、すべてがうまくいくという考え方だ。

 特に年収が低い人に限って、この傾向がきわめて強い、というより、これだけだと言っていい。テクニックしか求めない。

 この間も、こういうことがあった。ある雑誌の編集者が取材に来た。あらかじめ、これからの難しい時代、20代、30代はどう考えて生きたらよいのか、とテーマが伝えられていた。

 現れた彼は、自分のことを正直に話し出した。年齢は35歳で、年収は450万円、家も最近買ったとのこと。決して悪い境遇ではない。どんな質問が出るかと私は耳を傾けた。

 すると、彼は続けてこう言った。

「実はぼく、意識してお金を貯めたことはないんです。でも、お金は生きていくうえで大切ですよね。FPとしての先生に教えてもらいたいのですが、この時代、どのようにお金を貯めたらいいでしょう。貯めるコツ、運用のコツのようなものはありませんか」

 これが、彼の知りたいことだというのである。ただ、この質問は、する側にも、答える側にも、前提が必要だ。
「お金を貯めるのは、何のため?」
 反問すると、首をかしげた。
「特に目的とかは…。…考えたこと、ありません」
 このやり取りが一つのパターンである。

お金に関しては、まず、必ずと言ってよいほど単刀直入に、貯めたり殖やしたりの「コツ」「方法」、つまりテクニックを聞いてくる。そうして、そうすることの目的を聞くと、「特にない」「わからない」という答えが返ってくるのだ。

いずれにしても、これではお金は貯まらない。

「私が知っている限り、お金の貯まる人は、決してテクニックを考えている人じゃないよ」

そう言うと、分かったような、分からないような表情をする。

大事なのはテクニックではない。まずは生き方である。

生き方から絞り出された「目的」が重要だ。

目的がしっかりとしていないから、手段だけ求めて無闇に走りまわることになるが、これではお金は貯まらない。

テクニックから話に入るのも、多分理由がある。お金は人生でいちばん大事って、みんなが分かっていることですよね？　と決めつけていて、それならあとは（貯める・殖やす）コツを聞くだけと考えているからではないか。

しかし、人生、そんな単純なものではない。お金のプロであるFPだからこそ言うのだが、人生でお金のウエイトはみんなが考えているほど、実は重くはない。

多くの人がお金のウエイトを誤解している。だれしもの人生を支えている柱は３本あると私は考えているが、この中でお金は３番目の地位にある。

この３本の柱は人生の元手となるものだから、わかりやすく「資本」と言っていいだろう。資本というと、ここでもすぐにお金を連想する人が多いだろうが、資本となるのはお金だけではない。

一般によく言われるように、ヒト、モノ、カネが経営の資源だが、江上流に言えば、

- 自分（ヒト）
- お金（カネ）
- 人間関係（カンケイ）

この3要素が人生の資本ということになる。

この中でお金の地位は決して高くはないといったが、ウエイト付けをすれば、自分資本（3）、お金資本（2）、そして人間関係資本（5）、くらいのバランスである。
「不幸なお金持ち」や「不幸な貧乏人」に限って、お金のウエイトが極端に高い。考えがそういう方向にだけ向いてしまうから、逆にお金が集まらないと言ってもいいだろう。

かっこいいお金持ちとは

いきなり「不幸なお金持ち」やら「不幸な貧乏人」などという言葉を出して、面食らわせてしまったかもしれない。

私は、お金に対する態度を軸にして人間を分類してみたことがあるのだ。世の人々を単純化し、お金持ちと貧乏人とに2分割し、そこに「かっこいい」「かっこ悪い」「幸せ」「不幸せ」という、分かりやすい基準を挿入してみたのである。すなわち、

- かっこいいお金持ち
- かっこ悪いお金持ち
- 幸せな貧乏人

・**不幸せな貧乏人**

　以上の4タイプに分けてみたのだ。
　少し長くなるが、これに触れておきたい。
　かっこいいお金持ちとはどのような人かというと、基本、与える人である。自分の持つ資源を人に与えて、その人の価値や社会の価値を上げてくれる人。あるいは、人を勝たせてくれる人といってもいい。
　かっこいいお金持ちとしての考え方を、端的に表していると思うのは、ある上場企業の若い経営者の次のような言葉だ。
「リーダーとは、自分が50万円稼いでも、部下2人に20万円ずつ渡し、自分は10万円で生活する人である」
　自分の作った資源、価値で、他人の価値を上げてやる、分かち合うということをしないと、リーダーとしての尊敬を得られないというのだ。

　松下幸之助さんなど優れた経営者が、「三方よし」の哲学を語っている。売り手も買い手も満足し、社会貢献もできる。三方に利益が出る。つまりは、大きな利益というくくりをみんなで分かち合うのである。
　何のための商売か、何のためのお金か、ということである。
　自分さえよければ、という考えは、ここからは生まれない。
　そのような考え方ができ、現実に実行できる人が、かっこいいお金持ちになれるということだ。

　この反面の「かっこ悪いお金持ち」は、まさに「自分の利益だけを追求する人」である。

例えば人を騙すような人だ。一時は騙しが成功してお金を手にするが永続はせず、最後は没落することになる。

　かっこいいお金持ちとは真逆の生き方をしている。つまり、「与える」のではなく「奪う」ことに人生をかけている人である。

　このタイプ、自分の利益だけを追求する人だから、結局は人から信用されない。仕事とはすなわち信用である。口がうまいから初めは人も騙されるが、現代のようなSNSなどで口コミがあっという間に広がるネット社会では、ひとたび不評がささやかれると、あっという間に没落する。永続することはないのだ。

　お金がない人たちも、2つに分けられる。
　その一つが「幸せな貧乏人」である。
　社会生活や仕事を通じて、一定の評価は受けているのだが、伸びがない。なぜなら見返りをすぐに求めるから、成果が常に限定的だ。思い切ったこともできない。
　だが、お金だけを追い求めない人生態度で、マイペースで生きようとするならば、十分に幸せである。インターネットを知らない時代のエスキモーと、知ってしまった彼らとで、どちらが幸せか考えれば、前者のほうが幸せだろう。
　情報が多くなれば、どうしても他と比較する。インターネット時代には情報は過剰にならざるを得ない。獲物を獲らずにお金で買おうとするエスキモーも出現したことを、テレビが伝えたことがある。
　要は情報に振り回されない賢さだ。

　もう一つは、「不幸せな貧乏人」である。
　これは人から奪うことしか考えないから、たちが悪い。かっこ

悪いお金持ちなら、一時でもお金を手にするからまだいいのだが、こちらは欲の皮が突っ張っているだけ。お金には縁がない。

人の資源は横取りするし、自分の都合のいいことしか覚えていない。その上、失敗は会社のせい、社会のせい。周囲から人がいなくなって、いつまでたっても貧乏から抜け出せないのである。

なぜ、このような4つの類型を出したかと言えば、お金持ちだからといって「かっこいい」とは限らないし、貧乏だからといって「幸・不幸」はその人によるという、ごく当たり前のことを言いたいのだ。いちばんよくないのは、「強欲」だということである。

人間も資本主義も、そろそろ強欲に支配される時代は終わらせなくてはならない。

自分資本=発想の転換が必要だ

さて、人生に大切な「自分資本」「人間関係資本」「お金資本」の3つの資本について、考えてみよう。

まずは、自分資本だ。これは本人の持っている、生きていく力である。もう少し強調すれば、どこに行っても生きていくことのできる力、といってもいい。

"金儲けのうまい人は、無一文になっても、
自分自身という財産を持っている"

哲学者のアランの言葉だが、まさにこれが私の考える「自分資本の定義」である。お金を稼ぎ出す力も含まれるし、資格や学歴、個人の魅力、あるいはスキルやキャリアもこれに含まれる。

その中核に位置するのが、人とつながる力、コミュニケーション能力だ。人脈を創れる能力であり、必要なときにはいつでも誰かに応援される力である。

特にこれからの時代、何よりもいちばん源になる力、資本である。この力が高まれば、ほかのお金資本も人間関係資本も充実してくる。私の友人でドバイに移住したSさんは、人脈を生かして成功した人たちとつながり、そうした中でヒントを得て起業し、その会社を売って莫大な収入を得ている。

現代では、次第に人間に近づいたロボットに負けないためには、どうしたらいいかと聞かれることも多い。

グーグルの創業者であり、現CEOのラリー・ページがいうには、人工知能の急激な発達により、現在日常で行われている仕事のほとんどはロボットが行うことになる。加えてこう断言している。
「近い将来、10人中9人は、今と違う仕事をしているだろう」

そして、次の言葉は聞いたことのある人も少なくないだろう。
「コンピューターが数多くの仕事をするようになる。これは私たちが〝仕事をする〟という考えを大きく変えることになるだろう。あなたはこんな現実は嫌だと思うかもしれないけど、これは必ず起こることなんだ」

確かにロボットの進化は日進月歩だ。将棋の世界では「電王戦」と言われるプロ棋士VSコンピューターでは、2年連続でプロ棋士が敗北しているし、人工知能が人間の知能を2045年に超えるという「2045年問題」もある。

しかし、ロボットは人間にかなわないと言えるポイントは、充実した自分資本であろうと私は思う。自分資本はロボットの得意

なマニュアルやスキル、テクニックを超えている。例えばマナーやコミュニケーション、人を教育する能力も人間資本に入る。

どんなに不遇な状況に置かれても、決してあきらめないという「ストレス耐性」の強さも自分資本である。黙々とストレス状況に耐えて、チャンスを創っていくというねばり強い意志と行動力は、ロボットの計算力・記憶力からは生まれない。

自分資本を鍛えることが、たとえロボット時代になろうとも、私が極めて重要だと考えている。

自分資本には発想やモノの考え方も入ってくる。だから、発想を転換して、自分を単なる資格を持つ身というだけでなく、さらに強い立場にすることだってできる。

私の若い友人に税理士がいる。税理士という資格やキャリアは、言うまでもなく自分資本の代表的なものである。

ところが、今は税理士という職業が立派に成り立っていても、少しスパンを長くとって考えてみると、決して将来も安定的に「稼げる」「食える」商売ではないと分かるのである。

第1部でも紹介したように、生産年齢人口が漸減する中で、必然的に社会の活力が落ちていくのが、これからの日本だ。企業の数もどんどん減っている。一方で、税理士の資格者は年々、新しく生まれて、増えていく。

税理士だけでなく、弁護士も社労士も士業はすべてそうなのだが、需要よりも供給が多くなっている。医者という職業だって場所によっては需要よりも供給が多い地域や医療機関があるだろう。

また、会計ソフトが進化して、税務処理そのものは、さして難しいことではなくなっているという現実もある。

世の中、ロボットやもっと安い労働力＝外国人に取って代わられる仕事というのは、いずれにしても将来性はない。需要がなくなっていくのだ。

税理士も「先生」と呼ばれる仕事であるが、それは代替可能な「先生」でしかない。「先生」と呼ばれて「稼げる」仕事はない、という人もいるほどだ。「先生」を超えていく必要がある。

何ごとも、需要と供給の割合で希少性の価値は決まっていくのだから、そうなると税理士の資格とキャリアだけでは、10年後の存在価値は軽いものにならざるを得ない。これでは「稼げない」「食えない」ということになるのは、目に見えている。

若い友人の税理士は、こうした現状の中で、発想の転換をした。つまり単純な税理士業務でなく（それは別のアシスタントに任せて）、自分は別のもう少し難度の高い業務に特化したのだ。

それが、金融機関に多少顔の広い「強み」を活かした、お客さん特に飲食業者を対象とした資金調達、企業再生のコンサルタントだった。

運転資金に行きづまる業者、多店舗展開をしたくても資金の足らない業者、そうした業者の立場に立って、経営コンサルタントをし、必要ならば銀行から融資を引き出すのである。

飲食業の粗利益率は50％くらいだというが、経営は決して楽ではない。水商売と言われる程だから、資金需要が発生しても、金融機関は「おいそれ」とは金を貸してくれない。

そこで彼は綿密な経営計画を立て、返済計画も構築して、銀行に掛け合う。数字をつくるのは得意である。ときには難しいと思われるケースでも、数字をやりくりして1億円規模の資金導入に

成功することもあるという。

　お金の借り方も知らなくて、起業する人もいる。そうした企業にも資金調達を通じて経営指導を行い、成功する企業へとリードする。むろん税務業務も請け負う。

　こうして彼は、資格にしがみつく「先生」稼業から足を洗ったわけだ。彼自身の立場＝自分資本に、大きな付加価値をつけたのである。

　彼の例で、自分資本の充実についてもう一つ言えるのは、これからの時代は「拡大志向ではない」ということだ。彼は資金調達、企業再生に生きる道を見出したとき、それまでの税務処理の業務はあっさりと他の人間に引き渡した。

　つまり、あれもこれも、と手を出さないことだ。

　一つことに特化したら、それを深掘りし、専門化していき、足りない部分はチーム力で補い、仕事を充実させていくのである。

　バブル真っ只中の私が新卒で入社した保険の一部上場企業では、営業も企画も事故処理もと、あれもこれもやらされた。ジェネラリストが求められた。日本の教育がまさにそうで、まんべんなく、全教科で良い点を取るように教育されたのだ。

　今はスペシャリストの時代である。日本の電機産業がダメになったのは、あれもこれもと機能が多すぎたことに起因する。これに対してアップルはシンプルである。

　つまりは絞り込みをして、余計なものは排除し捨てることだ。

　強みだけ、付加価値のあるものにだけ絞り込んで、それを磨くのである。私の知る優秀な企業は、いちばん強いものだけを武器にして、ブランドを尖らせて戦い、勝っている。

この数年で企業の価値は激的に変わった。具体的には、工場すら持っていないグーグルやアップルなどの企業が世界時価総額のトップに名を連ねているのが現実だ。

これと同じように自分資本の在り方も変化している。付加価値化、ソフト化しているといってよいだろう。

自分資本を、まず正確に把握し、充実させていかなくてはならない。

お金資本＝将来を見据えた「目的思考」で

お金資本は単純だ。

お金の正体は、附録にまとめたとおりである。

このお金を貯める方程式は一つしかない。

資産形成＝（収入－支出）＋（資産×運用利回り）

収入を増やし、支出を減らす。ここで発生した余剰のお金をいちばんいい利回りで運用する（不労所得を得る）。これを繰り返すだけのことである。

たいへん地道な営為だが、これがいちばんだ。どんなお金持ちも、利殖はこの方法が基本である。

なぜ、この方法がいいのかと言えば、自分で初めから終わりまでコントロールできるからである。収入も支出もコントロール下にあるし、運用もほぼアンダーコントロールだ。

お金持ちは自分で管理できること以外には、手を出さないのである。私たちも、同じようにお金を増やしていくのが最も安全だ。

同じ年収の人でも、支出を減らす努力をし、運用をうまくしたかどうかで、将来の総額はまったく違ってくる。支出で大きなものは税金だ。だから、サラリーマンでも妻を社長にして、あるいは自分が社長になってプライベートカンパニーをつくるなどして、節税を考えていくしかない。

　これがまっとうなお金の貯め方なのだが、世の中の人々は、こうした地道な方法には顔をそむけて、いつも一発逆転を狙っているかのようだ。株に嵌まってみたり、ＦＸで大金を狙ってみたりと、忙しい。資本主義の世の中だから、株もいいＦＸも否定しないが、成功した話はあまり聞かない。

　私自身、株をやらないかと言えば、実は少数ながら買っている。だが、それはセミナーでのネタにするためでしかない。専門家が言う、今年の推奨株というのを、10銘柄、20万円ずつ買っている。有名な専門家たちが、大きく伸びる株ですと言うので、どうなるかを試して買ったのだが、現在のところ４勝６敗である。

　年末にどうなるかはともかく、重要なことはいろいろな思惑で動く株の世界は決して自分でコントロールできないという事実だ。つまりはお金を増やしたり貯めたりする方向にはいかないのだ。それなのに、一般に、地道な方法は敬遠され、一発逆転のギャンブルが志向される。そうして、テクニックだけが云々される。

　だが前述のように、テクニックのみを考えることには（ＦＰだから当然あれこれのテクニックは知っているが）、私には常に不満がある。その前にきちんと確かめておきたいことがあるのだ。

　それは、その人のライフプランである。いくら貯めたいのか、それは何に使うためのお金なのか、それを知りたいのだ。

これが将来を見据える、「目的思考」である。お金に関しては目の前の小銭に囚われる「手段思考」ではなく、将来の生き方を考え抜いた「目的思考」でなくてはならない。

　1億円くらいは欲しいし、貯めたいという人に、私は尋ねたい。あなたのライフプランは、1億円も必要ですか。マネープランから考えずに、ライフプランを考えてください。どんな生き方がしたくて、だれと、どんなところで、どんな生活をしたいのか。

　その生き方をするのに、1億円も貯める必要があるのですか、というのである。貯めてから、ぶらぶらと遊んで暮らそうというなら、貯めるお金もかなりの額になるだろうが、体が動くうちは働いたほうが健康にいいし、ボケないだろう。

　つまりはずっと働く前提で考えたとき、何のためにいくら貯めたいのか。貯めるぞ、と意気込むほどのお金が必要なのかどうかだ。

　最後の最後まで健康で働けるならば、貯蓄などほとんどなくても、いやゼロでもいい。すると究極、自分にとって必要なのはお金なのか、健康なのかということになる。

　そういう見極めがきちんとできていない人は、いずれ、お金に囚われた生き方をしてしまうのである。

　アメリカの作家であり経営コンサルタントでもある、スティーブン・R・コヴィーはこう言っている。

"お金中心の限界は、人間関係などの
　大きな問題に直面したときに明確になる"

　たとえば、私が今の事業に失敗したとしたら、私は故郷の熊本・天草に帰ろうと考えるだろう。あの島では今でも物々交換が成り

立つ。釣った魚と新鮮な畑の野菜が交換できる。家賃もほとんどかからない。つまり、そうした生活では、お金のことをほとんど考えなくともよい。

お金の奴隷になって我を忘れるな

お金を貯める目的とは、すなわち「使う」目的である。それがはっきりしない人が、あまりにも多すぎる。そういう人に限って、ただただ「貯めたい」「殖やしたい」という。

しかし、心理カウンセラーの心屋仁之助さんは、「そのお金を使って、いったい何を得ようとしているのですか？」と問うている。そして、こう続ける。

「あなたが本当に欲しかったのは、お金そのものではなく、お金がたくさんあるときの安心感」であると指摘する。お金があれば「選べる自由」も手に入るし、したいことができる喜びも味わえる。だから、その自由も喜びも味わいたくて、お金を貯めるのだ。

だが、やみくもに貯める、増やすという目的のみで生きると、お金に囚われて、お金に追われて、人生を忘れてしまう。

心屋さんは「お金基準」で生きると、恐怖と不安から自由になれないと説く。

「いつもお金の計算をして生きていかなくてはいけないからです。お金に執着し、なくなる不安と恐怖におびえ続けることになります」（『一生お金に困らない生き方』／PHP研究所）

人生で「お金資本」にだけ頼っていることになるのだ。ここにだけ頼ると、人間、必ずダメになる。身に不相応な欲が出て、欲が肥

大化し、レバレッジとか称して借金を重ねて運用するなどの行動に出る。信用取引で、元金の何倍もの取引をするといった無謀なことをしてしまうのだ。

**"諸悪の根源はお金そのものではなく、
　お金に対する偏愛である"**

　このように言ったサミュエル・スマイルズの言葉そのものである。傲慢にも、お金さえあれば、人生何とでもなると考えてしまうのだ。あほか。

　こうなると、人間としてバランスが取れなくなる。人を信じなくなる。人を利用し、だまし、使うことしか考えない。

　つまり、せっかく培った人間関係資本も、家族や友人への裏切りなどによって、破壊してしまうのである。

　お金は、何かの目的を持って「使う」ために誕生し、存在している。

**"うまくお金を使うのは、
　それを稼ぐと同じくらい難しい"**

　このように言ったのは、世界一のお金持ちになったときのビル・ゲイツだが、彼は稼ぎながら、「使う」ことをいつも念頭に置いていたのだ。

　しかしそうでない人が多すぎる。

**"お金持ちが、そのお金をどのように使うかわかるまで、
　その人間を褒めてはいけない"**

これはソクラテスの言葉である。金持ちというだけでは、社会的に何ともつまらない存在でしかない。

　私が知っているお金持ちもいろいろいるが、ここで紹介するのは「不幸なお金持ち」である。事業で成功し、引退したある経営者は、90歳を過ぎて入院生活をしていたのだが、毎日通帳の残高を確認しながら生きていた。ときどき、証券会社の営業マンが来て、外国債券への投資を勧めていた。
　何億円という財産があるのだが、家族と話すよりも、通帳の残高を見ている方がはるかに幸せな表情だった。
　まったくお金を使うことのない人だった。
　だが、この方が亡くなってすぐに、残された家族でお金の争いが発生してしまったのだ。このパターンは典型的な「争続」でいま非常に増えている。墓場にお金を持っていくことはできないのだ。
　アンドリュー・カーネギーは言っている。

"**お金が人間を堕落させるのではない。**
　儲けるためだけに儲け、
　貯めるためだけに貯めようとすることが、
　人間を堕落させるのである"

　お金を使わない人に共通するのは、友人がいないということである。
　世間でもよく知られている実業界の人でも、お金を使わないということで名前が知られている人は大勢いる。「お金を愛した」人なのであろう。お金は愛していても、人は愛していないのだろう。
　ひょっとして、自分も愛してはいないのかもしれない。

幸いながら、私が親しくさせていただいている実業界の方は、友だちがたくさんいて、お金もバンバン使う。そのとき、彼らは楽しそうである。たくさん使いたいから、どんどん稼ぐ。そういう人たちだ。この楽しく「使う」ときのために稼いでいるんだと、その楽しそうな表情に書いてある。

だが、みんながみんな、お金を稼げる人ではない。まして、サラリーマンならば、収入も支出も限られている。これまでに述べたように、使い道も明確でないのに分不相応に稼ごう・殖やそうとしたら、奈落にまっさかさまという悲劇のリスクが常にある。

私が言いたいのは、人生、健康ならばそれほどお金は必要ないということである。お金は単に人生の必要条件に過ぎないのだ。

貯蓄ゼロ世帯が３割もあるご時世で、それ自体は政治の貧困の端的な現れに他ならない。政治も経済もその貧困は正さなくてはならないだろう。行動を起こして、貯蓄ゼロを３割も生み出す政治の仕組みをぶっ壊す必要があるだろう。

だが、別の面から言えば、無理して貯蓄しようと焦る必要もないのだ。

年を取っても身体は元気で、信頼できる友人も、愛する家族もいる。目標も持っていて、何とか実現しようとしている。お金のかからない趣味もある。こういうことであるなら、焦らずチャンスを待とうじゃないか、という生き方もある。

つまりお金に囚われ、もっとお金が欲しいと熱望することによって、人が本来持っている明るさや前向きな姿勢を失ってしまわないことである。

お金の奴隷になってはならない。お金よりも、健康で、人を愛

する自分がいることのほうが重要なのだ。この基本をはき違えてしまう不幸からは、逃れなくてはならない。

人間関係資本＝叱咤激励、助け合いの強さ

次に人間関係資本について述べよう。

これは身近な人たち、家族や友人、パートナーとの人間関係で、彼らとの助け合いや分かち合い、協力関係が人生を支える力になるということだ。家族や友人、パートナーといった、いわゆる濃厚な「縁」の世界は、社会学でいうゲマインシャフト（共同社会）であり、人間関係の基本になる。

私はこれは、たいへん重要な資本だと考えている。なぜならこうした関係は、私たちに勇気や安心、生きる希望といったプラスの感情、気持ちを与えてくれるからである。

これと対置的に存在しているゲゼルシャフト（利益社会）においても、実際にそこで活躍し、お金を稼ごうとしたら、この濃厚な「縁」社会が持つ人間関係の本質に迫らなくては目的は実現できない。つまり、通り一遍の人間関係ではなく、ほとんど「癒着」というしかないような関係にならなくては、情報も取れないし、事業も成功しない。

一般社会の人間関係はその密度が濃ければ濃いほど、ゲマインシャフト的になり、人間関係資本は強固になる。

ただし、この人間関係資本については、若い世代はその在り方をはき違えている部分があると私は考えている。ここは指摘しておかなくてはならない。

どういうことかと言えば、他人とのつながりで、ともすれば愚痴を言い合い、傷をなめ合う間柄を関係性の深さだと誤解していることが多いのだ。

はっきりと言っておかなくてはならないが、愚痴を言い合ったり、傷をなめ合ったりしている世界はきわめて閉じられた世界であり、ごまかしの世界であり、まったく成長性はない。

野球のチームでも、1回戦負けのチームというのは、この世界にどっぷりとつかっているチームである。

彼らはチームメイトが三振しても、好球を見逃しても、ゴロをはじいても、「ドンマイ」と叫ぶだけだ。「ドンマイ！」「ドンマイ！」気にするな、平気平気！と叫びあって、何ごとも起こらなかったふりをする。

それが、閉じられた世界である。現実をごまかし合って、お互いの傷は直ちに存在しなかったことにしてしまう。これは助け合いではない。だから、決してチームは強くはならない。

人間関係資本の強さとは、基本、助け合いである。

助け合いとは、複数の人間がそれぞれ自分の持つ強みを差し出して、相手の弱点、不足を補い、逆に、別に持っている弱さ、足らないところを他の人の強みで補ってもらう関係だ。

つまり、「価値を交換し合うつながり」である。

だから人間関係資本を豊かに持つ人は強い。多くの人と多様な価値を交換し合い、互いに高め合えるからである。

私はベストセラーとなった『年収1億円思考』（経済界）を出す前に、エリエス・ブック・コンサルティングが主催する「10年愛されるベストセラー作家養成コース」に通ったのだが、ここで所期の目的通りに本を出版できた人は、「互いに高め合う」という人間

関係資本をきちんと持っていた。

決して「ドンマイ」の世界ではなく、怠けていれば「もっと頑張ろうぜ」と声が飛ぶ叱咤激励が基本だった。うまく行った自分の体験、ノウハウを分かち合うのは、日常のことだったし、出版すれば、自分の出した出版社を紹介し合うということもした。

そのように、情報や価値を交換し合い、互いに高め合っていくことが人間関係資本である。

自分の強みを知って、お互いに高め合おう

よりよい人生は、以上述べた３つの資本「自分資本」「お金資本」「人間関係資本」をバランスよく働かせることである。それでこそ、この残酷な国を生き抜く力が身に付く。

多少の社会経験を積んだＦＰという立場からの叱咤激励になるが、この残酷な日本でどう生き抜くか、私の胸には一つのメッセージ、ノウハウが湧き上がっている。

それは、

「お互いに高め合おう。自分の強みで、他の人の弱点、困っている点を助けよう」

というものだ。

これまで述べたように、自分の価値を提供して、他の人を助けてあげるのである。助け合いを通じて、互いの生活を補い合うのである。そうすれば現実の話として結果的に「お金」に結びつく。

別の表現で言えば、自分の「強み」という自分資本を軸に、「高め合う」「助け合う」ことでもっと強くなれる。場合によっては、お金資本に行きつく。

これが、3つの資本の「バランスよさ」に他ならない。
　ところが、私がこれを説くと、
「そんなに、何かに困っている人なんて、いるんだろうか」
と言う人がいる。まさに思い込み以外の何ものでもない。
　そう思うあなたは「困っていること」「手伝ってもらいたいこと」はないのだろうか。そんな完璧に生きている人は、もしいたにしても、そうは多くない。
　たいていは、まわりで考えている以上に、
「困っている」
「できれば助けてもらいたい。手伝ってもらいたい」
と考えているものなのだ。
　問題は、その他人の弱点、助けてもらいたい点を、あなたがカバーできるかどうかだ。

　だから、ここで明らかにしておきたいのは、まずは自分の「強み」である。どんなことなら他人をサポートできるか、カバーできるか、それを知っておくことである。
　これに対して困っていること、弱点、苦手といった「補ってもらいたいこと」は、2つの面から考えることができる。

　ひとつは精神的、性格上でのこと。
　もうひとつは能力的なことである。

　例えば、性格的に、部屋をきれいにできない。書類を整理することが苦手だ。こういう人は多い。あるいは、能力的に、パソコンがうまく扱えない。ネットの利用がうまくない。こういう弱点を持つ人も多い。

逆の側には、整理整頓が得意である、ネットのことは任せなさい、という人がいる。

このプラス、マイナスをかけ合わせれば、世の中はストンと落ちつくではないか。収入に結び付くこともあるだろう。

難しく考えることはない。FPとして世の中を見ていて、実は、事業としていちばん永続的なポテンシャルを持つのは、その事業が、「社会で求められているモノ、サービスか、どうか？」にイエスと答えられる分野なのである。

つまり、人間同士が助け合う事業や、人の悩みを解決してくれるサービスなどは、社会のニーズが高く継続しやすいのだ。

わかりやすいように、身近な話で、強みと弱みのマッチングを事業に生かして大成功している仕事例を話そう。

ヒアリングからすべては始まる

私の知人のFPで従業員を3名抱えているRさんは、女性で、売上は常に1億円を超えている。ご自身を「病的なほど几帳面」というが、整理整頓が行き届かないと気が済まないたちなのだ。彼女は、この性格を自分の「強み」と意識して仕事をしている。

彼女の顧客は医師だ。医師専門のFPなのである。

なぜ、医師にターゲットを置いたか。それは医師が超多忙だからである。資産はあるのだが、超多忙な医師たちは、資産管理という重要な仕事に時間を振り向けることができない。

そこに、彼女は自分を売り込んだ。

現実にRさんのマメさ、細やかな整理力が喜ばれ、他の医師に紹介され、顧客はどんどん増えたのである。

私のまわりでも、女性税理士のWさんの例がある。

　彼女は35歳、会計事務所で働いていて、子どもができたのを機に独立した。会計事務所にいたときには給与30万円だった。

　ところが独立したら、顧問先が5社で7万円ほどにしかならない。ご主人はサラリーマンだが、世帯収入が大きくダウンしたので、彼は不満だという。どうしたらいいのだろう、と相談に来た。

　私は尋ねた。

「きみの強みは、どんなところ？」

「分かりません」

　たいていの場合、こう聞くと、分かりませんと答える。

「それならば、クライアントに聞いてみなさい。私の良さは何ですかと」

　いく人かに聞いたら、一つの方向が出た。Rさんと同じように、「几帳面だ」「ミスがない」ということだった。

　この報告を聞いて思いついたのが、別の男性税理士である。彼はWさんと真逆で、営業はできて仕事は取ってくるのだが、書類の整理が苦手だ。遅刻もする。ミスもある。これはWさんがカバーすればいいではないか。

　つまり、二人のコラボ、助け合いである。営業は彼がやって仕事を増やし、来た仕事はWさんが処理し、クライアントにも出かける。顧問料はフィフティーフィフティーで折半。

　これは大成功で、たちまち顧問先は倍になったものだ。

　さらにWさんには、アドバイスした。自分の強みは「几帳面であること、整理が得意」だと、クライアントをはじめまわりの人にアピールしなさい、と。これが営業活動になり、結果的に、整理整頓のできない、だらしのない人を助けるきっかけになるのだ。

Wさんの例ではっきりしたことは、ヒアリングの重要さである。
　自分の強みは「これとこれ」と言える人は少ない。
　それなら、まわりの人に尋ねまくればいい。必ず自分でも意外な「得意」「長所」「強み」が指摘される。それを武器として磨いていけばいい。

　また、相手の困っていることもヒアリングで知ることができる。
　いま集客コンサルとして売出し中のI君は、当社のホームページなどをつくる仕事をしていた。仕事ぶりを見ていると、チラシをつくったり、いろいろとネット系の仕事を器用にやっているが、器用貧乏で終わっている。
　いま一つ飛躍するためには、方向性のある仕事が必要だ。
　ところが日常的に私とは顔を合わせているのに、あまり話をしてこない。

　そこで、
「もっとヒアリングしなさい。相手からの注文を待っていないで」
「どんなことを聞くんですか」
「御社で、何か困っていることはないですか、と聞けばいいじゃないか。ネット関係で解決できることがあったら、ぼくがやりますと言えばいい」
　どうも、ここまで私が言っていいのかどうか疑問だが、そう言った。するとI君は照れ笑いしながら、同じ言葉をおうむ返しに返したものだ。
　そこで、わが社では集客ツール、顧客管理ツールがない。私自身の情報を発信するツールがない。これをこのときに話して、I君が取り組むことになった。

このときに、もう一つ大事なことを私は彼に言った。
　値決め、である。この仕事はいくらです、ということを、きちんと言わなくてはならない。
　彼は以前、あるコンサルタントの集客の仕事を手伝った。ネットを使って、集客は成功したのだが、これはボランティアになってしまった。彼が、
「集客がうまく行ったら、いくらいただけますか」
という値決めをしなかったからである。
　また、会社のHP更新もタダでやってあげていた。
　無料奉仕がいつも悪いわけではないが、相手に価値の交換ができる力があるならば、値決めはしなくてはならない。

　ともあれ、強みを生かして相手の弱みを補ってあげる助け合いは、簡単なヒアリングから始まる。
　だれだって「困っていること」は、一つや二つ、持っている。
　それに対して、
「May I Help You ?」
と問うことはだれにもできる。
　それが、お互いを高め合い、この残酷な国を生き抜く力の第一歩になるのだ。

年収1千万円超のサラリーマンはきつい

　最後にもう一つ、大事なことをお伝えしておきたい。時代はどんどん変わっているという、しごく当たり前のことである。当たり前のことであるが、よほど目を凝らして時代の相を見ていないと、何がどう変わっているかが分からない。

いちばん大きな変化は、エリート・サラリーマンが花形ではなくなったことだろう。

というか、いつの間にか、サラリーマン自体が、いい職業ではなくなっている。

少し前までは、いい大学を出て、大企業に入ることはいいことだった。サラリーマンは安定した、守られた立場にある上に、彼らはエリートだった。

だが、いまはまったく違う。私自身、大学を出て大企業に勤めて、高い給料をもらっていた身であるが、このごろ同期のエリートと会うと、一様に彼らは苦しい状態にあることがわかる。

恐らく上場企業に勤めて、年収1千万円を超すあたりのサラリーマンが、もっとも苦しんでいるのではなかろうか。

なぜ苦しいか。彼らはなにもかも所有し、固定しているからだ。家族を持ち、家を持ち、車を買い、その結果としてローンまみれになっているのである。

なまじエリートであるだけに、人と競争し、あるいは比較してしまう。友人に負けまいとして、子どもも私立の中高一貫校に入れたりしてしまう。

何にせよお金が掛かることになるが、勤め先が立派だから銀行がすぐに貸してくれる。しかし借金は借金だ。必ず返さなくてはならない。

ところが、エリート・サラリーマンといえどもサラリーマンである。自営業などと比べて、いまや税金も社会保険料も負担が大きくなっている。サラリーマンのメリットはずいぶん前に失われているのだ。

大企業にいるからといって安心はできない。最近の事例で言えば、東芝、シャープ、東電など会社のトップの戦略ミスでリストラにあったりという事例が増えている。

　10年後、20年後の収入が見えない社会で、「住宅ローン・教育ローン」の負債を固定化していることが非常に危険なのである。もはやサラリーマンは、魅力のある立場ではなくなっているのだ。

　これらの苦しみが、どこに起因しているかといえば、所有と固定にある。持つことはいいこと、自分のものにすることはいいことだという固定概念に支配され、わざわざ、苦しさを呼び込んでいるのである。

何も持つな、身軽になれ

　所有ということで、私の立場で言える端的な変化は、成功者やお金持ちのタイプが変わったことだ。5年、10年前までは、所有した人がお金持ちの代表的なタイプだった。邸宅を持ち、別荘を持ち、高級車を所有し、会社を所有した。会社には社員がいた。所有を重ねて、成功者が生まれた。

　しかし、いまは所有しない、身軽な人が成功し、お金持ちになっていく。お金持ちのタイプが変わってきているのだ。

　前出のドバイのSさんもそうだ。家を持たないし、会社も持たない（作っても、やがて譲渡してしまう）し、だから社員もいない。いつも身軽である。

　若い友人のY君も同じだ。彼は28歳のビジネスプロデューサーだが、社員ゼロ、データ処理は在宅の女性に委託している。会社

はパソコンの載っている机のスペースだけである。何も所有していないから、借金もない。起業２年目だが、すでに年商５億円を超える。

では、彼のビジネスを成功させたものとは何か。それは、膨大な顧客リストだ。これだけは確かに「所有」し、日々、増やしているのだが、どんなに増えてもまったく負担にならない。パソコンにデータとして収納されているだけだからだ。

この顧客リストは、彼のたぐいまれなコミュニケーション能力を活かした人脈づくりから生まれた。まさに自分資本を活かし、人間関係資本をフル稼働させ、そうしてお金資本を生み出したわけである。

大事なのは、そこに「所有」志向がかけらもなかったことだ。

このことはこれから生きていく方向として、たいへん重要だと私は思う。

これからの時代は、所有志向の人は負けていくしかない。何も持つな、借金するな、身軽を身上に、できれば魅力のなくなったサラリーマンなんてすっぱりと辞めて得意分野で起業し、自分資本を活かし、人間関係資本を縦横無尽に使い、お金資本を得ていくこと、それが一番いいと私は考えている。

これが、時代の変化から見えてくる、これからの生き方である。

附録 Why has it become such Japan?

なぜ、こんな国になったのか?

——あなたを縛る「お金」の正体を教えよう!

第1部で、わが国の「残酷なあれこれ」を
示す数字を紹介してきましたが、
表面的にはそれと分からない事象であっても、
よく見るとその背後に
「お金」というモノの力が
働いていることが強く感じ取れます。
お金が操る現実。
どのような立場にあれ、
私たちはこの現実の中で
生きなくてはなりません。
そのお金と、20歳のときから、
シビアに向き合いながら、
私は生きてきました。
だからこそ言える「お金の正体」とは何か。
それをお伝えしたいと思います。

お金は怖いものだった

　私は熊本県天草市に生まれ、地方の大学を出て、大手損保会社に就職した。その後、外資系保険会社に転職したが、36歳でＦＰ（ファイナンシャル・プランナー）として独立した。

　人脈ゼロ、資金ゼロからの独立であったが、苦闘する中で私を支えてくれた存在が二つあった。

　ひとつはいく人かの優れたメンター（助言者、指導者）の方々、その出会い、激励、叱咤、指導であり、もうひとつは父の死の重さである。

　メンターには、非常に多くのことを学ばせてもらった。私は必死にその言葉を聞き、仕事に採り入れ、生き方の指針としてきた。おかげで多くのことが血肉になり、現在の私につながった。

　メンターのひとりＫさんから言われたことは、いまでも私の仕事をする姿勢のバックボーンになっている。それは「大義の必要性」ということである。

　Ｋさんは九州福岡で健康食品会社を成功させた後、他から持ち込まれた話ではあったが、経営破たんした地元のゴルフ場を買収し再生した。

　本業の健康食品とゴルフ場は、一見して何の関係もない。はたから見れば、事業の成功で余裕ができたので、いわば道楽でゴルフ場経営に乗り出したと思われないこともない。

　しかし、実際にはそうではなかった。

　会社の健康食品の主なお客とゴルフ場のお客が同じ年配の人た

ちであり、再生できれば顧客サービスの一環になること、またゴルフ場勤めの人々の雇用も確保でき、紙くずになるはずのゴルフ会員権も救えるし、税金も払えるということだった。一口に言えば地域経済への貢献である。

「ビジネスで大事なのは、大義、正義の実現、そして使命感に基づいて行動することだ。君もFPとして、またコンサルタントとして、何のために中小零細企業の経営コンサルタントをするのか。それを明確にしなくてはならない」

Kさんは、ゴルフ場再生に携わるいきさつを話した後で、そう厳しい口調で私に指摘した。確かにその通りだと思った。
そこで私は、
「なぜ、自分が中小零細企業を元気にしたい志、大義を抱いたか」
について、Kさんに聞いていただいた。
私の場合、仕事の大義は、父をめぐる環境の中から生まれたものである。

父が祖父から、家業の電気店を受け継いだとき、祖父の大きな負債も一緒に引き継いだ。本人の借金に加え、親戚などの借金の保証人になっていた負債などで総額2億円ほどだったという。父は跡を継いだ後、何軒かあった家作を売り払ったが、まだ借金は大半が残った。

残った借金を返すために、父は寝る間も惜しんで働いた。実際、父がゆっくりとくつろいでいる姿を、私は一度も見た記憶がない。
だが、父は、私が大学生のときに自殺したのである。
私の人生で、拭っても拭いきれない悲しい、悔しい、そして情けない出来事だった。

借金は父の保険金で完済した。だが、すぐに隠れた借金が出てきた。それは、父の弟の保証人になっていたためにできたもので、400万円ほどだった。彼は行方不明になっていた。

　私は父の兄弟に頼んで、借金を分担してもらおうとしたが、だれもが頭を振って断った。結局、このお金も母が払うことになった。祖父の借金は父の死で贖(あがな)わせ、彼らの弟の借金は、か細い母に押し付けたままだったのである。

"ああ、カネ、カネ！
　お金のために、どれほど多くの悲しいことが、
　この世に起こることであろうか！"

　トルストイのこの言葉を、そのときに痛感したものだ。

お金は決して「神」ではない

　冒頭から厳しい話を始めたが、父の死が、現実の私の仕事の上で「大義」につながった。借金に押しつぶされるようにして自殺を選んだ父の存在は、それからの私のものの考え方を変えたのだ。

　中小零細企業でも、うまく行っている企業はたくさんある。しかし、苦境に陥っている企業、経営者も多い。

　A社はなぜうまく行き、B社はなぜ、うまく行かないのか。あれほど寝ずに働いた父が、どうして借金に追い詰められ、究極の選択をせざるを得なかったのか。

　いずれにしても、うまく行かない会社の経営者は、お金に四苦八苦して人生を終えてしまうのである。

彼らを元気にする解決策はないのか。

　父と同じようにお金で悩んでいる人が多いだろうが、そこから抜け出す道、方法をだれも教えてくれない。しかし、もし父や父と同じ境遇の人たちに、相談相手がいたらどうだろうか。父も死なずに済んだのではないだろうか。

　少なくとも売上を上げ、会社が元気になれば、救われる経営者やその家族が大勢いるだろう。

「その思いが私の大義です。自分にできることで、中小零細企業の売り上げを上げるお手伝いをし、元気にするコンサルタントになりたいんです」

　私が言うと、Kさんは頷いてくれたものだ。

　父を死の淵に追い詰めたのもお金であるが、破たんしたゴルフ場を再生させ、地域経済に恩恵を施すことができたのもお金の力である。マイナスに働けば、とことん人間を追い詰め、しかし、プラスに進めば国だって元気にしてしまう。それがお金である。

"お金は世界に君臨する神である"

　イギリスの神学者トマス・フラーの言葉だが、まさしく、その千変万化の働きをみれば、神と言い、ひれ伏したくもなるだろう。だが、私にとっては、かけがえのない父親の生を奪う引き金となった存在だ。間違っても神だなどとは考えたくもないし、崇めるわけにもいかない。

　しかし、そのお金というモノが、父の死以来、私にはひと時も考えずにはいられない存在になったことは確かである。

附録 なぜ、こんな国になったのか？――あなたを縛る「お金」の正体を教えよう！

　大学では保険論を学び、卒業しては保険会社に入って「お金と人生」に関して毎日毎日考え、途方もない額の金額の出し入れに立ち合い、そうしてＦＰとなった。ＦＰは、お金を中心にして顧客のライフプランを考える職業である。まさにカネ、カネ…を20歳のころから絶えず考え続けてきたわけだ。

　ただし、繰り返すがお金は私にとって決して「神」ではない。それは「生きる上での道具」である。それ以上でも以下でもない。
　そのように一歩、距離を保つようにして私はお金と向き合ってきた。そうでもしなくては、たちまちお金の持つ魔力に巻き込まれてしまう。そういう恐れも、同時に感じていたものだ。

格差を生んだお金の働き

　私たちが学んだお金の働きは３つある。

- 価値と価値を交換する「交換機能」
- 腐らないので貯めることができる「貯蓄機能」
- 価値の「尺度機能」

　この３つは、政府や日本銀行とも密接に関わる公的機関、金融広報中央委員会のホームページにも記述されている。交換手段や価値の尺度（日本なら「円」という単位の尺度で商品の価値をはかる）はよく分かるが、厄介なのは「価値の保存機能」である。
　え？　なんで厄介なの？　価値の保存＝価値を減らさない、ってことでしょう？　普通のことじゃない？　と不審がられるのは承知の上だ。

今日、手元にある100万円は、明日も明後日も100万円として通用する。当然だ。

だが考えてみれば、時間がいくら経っても価値が減らない存在なんて、実はとても珍しいのだ。家も車も古くなって価値を減らすし、人間だってどんどん老いていく。

これに対して、お金は減価しない。だから「貯め込む」ということを、お金を余分に持つ人間は行う。食糧なら時間の経過で腐るが、お金は腐らない。生物のように老化しない。いくら貯め込んでも価値が減る心配がない。

これが、まさに格差の元になった。

貯め込まれたお金は、金庫の中でじっとしているわけじゃない。お金が必要だというあらゆる機関、大小の企業、個人に貸し付けられる。

むろんタダ（無料）ではなく、利子というものが漏れなく付いてくる。

この利子によって、お金は増殖を始める。増殖も、お金の機能として数えることができるが、この機能を享受できるのは、お金を余分に持ち、貯めこんだ者だけだ。

私たちは、つい借金してしまう。しかし借金をしたら返さなくてはならない。その時に利子というものの存在の大きさに、だれしも憮然とするはずである。単利ならまだしも複利なら、あっという間に返済額は大増殖していく。

お金の、この「増殖」という機能、そしてその原因となっている「価値が減らない」という機能。考えてみれば、これはこの世のモノとも思えないほど、不可思議な力である。

附録 なぜ、こんな国になったのか？──あなたを縛る「お金」の正体を教えよう！

人を億万長者にできる力であり、反面、父のように人を死に追いやってしまう力でもある。

貯め込み、あるいは増殖させる力への警戒を、哲学者のショーペンハウアーは、こういう。

"お金は海の水に似ている。
　飲めば飲むほど喉が乾いてくる"

海の水を飲み始めたら、それはもう地獄としか言いようがない。無限に海水を飲み続けるしかなく、やがて迎えるのは死である。

お金は特別な存在になった

もともとお金は、それまでの物々交換の不便さを解消するために考え出されたものである。不便というのは、私が必要とするモノを持っている人が、必ずしも私の持っているモノを必要としなかったりすることだ。物々交換の交渉はいつも成立するとは限らないのである。

それを「お金」という存在が解消したわけだ。「お金」は、私の持つ価値を、だれか別の人が持つ価値と交換する、その仲立ちをしてくれる存在として現れた。それを持っていけば、何であろうとも望むものと替えられる、というのである。

つまり、誕生のきっかけは「交換」の手段である。

初めは貨幣という形で貝殻が、そしてやがて貴金属、鋳造(ちゅうぞう)貨幣が使われるようになるが、それさえ持てば何とでも交換（売買）できた。さらに売買の際に、私が何ものであるか、信用できる人間

であるか否かは関係なくなった。

　私に、ではなく、お金そのものが「信用」になったのである。

　やがて、何とでも「交換」できる万能性と、それを可能にする「信用力」が、あらゆる財よりも優れた立場にお金を押し上げていく。

　それに伴って、初めは交換の手段であったはずなのに、それ自体を保有することが行われ、また利子という考え方が生まれて、保有即増殖が「目的」化されていくようになる。人間社会にこんな存在は、繰り返すが、他にはない。

　こうしてお金は人間社会の中で、特別な存在になっていくわけである。

　この現代に続くお金の歴史の中で、私はアメリカが金とドルの交換停止をしたことと、コンピュータが登場したことに注目する。

　お金は前述のように、価値が変わらない貴金属などの貨幣から始まったのだが、貨幣では重いし、長く使うと摩耗したりして価値が減っていくという問題があった。そこで代わりに登場したのが、紙幣である。

　紙幣は、初めは貴金属貨幣の代替物として登場したから、いつでも貴金属との交換が保証された証書のような形をとっていたようだ。これがやがては本位貨幣である金地金と交換できる兌換(だかん)紙幣となっていく。

　兌換紙幣の歴史は長いが、20世紀になってニューヨーク・ウォール街で株式が大暴落したことで大恐慌が起き、世界規模の不況へとつながった。これが原因となって、主要国の金本位制は崩壊する。金本位制とは、金を通貨価値の基準とする制度、つまりい

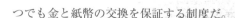

つでも金と紙幣の交換を保証する制度だ。

第二次世界大戦が終わったとき、金本位制をとる国はアメリカのみだった。このころ世界の金の3分の2はアメリカに集中していたという。

しかし戦後、アメリカは軍事支出や政府援助によって、金の保有高を減らしていく。特に1965年からのベトナム戦争介入が決定的になった。もはやドルと交換できる金の準備額は不足し、1971年8月、ドルと金の兌換を停止したのである。これがいわゆるニクソン・ショックだ。

なぜドル金の交換停止に注目するかと言えば、これ以降のドルは、世界の基軸通貨であるにも関わらず、何の裏付けもない、単なる紙切れになったからだ。アメリカにとっては、金と交換する必要のない単なる紙切れだから、どれほどの量でも刷れるということにもなる。

ある経済学者は「錨を失った難破船」に例えて「ドルが世界を漂流している」と表現したほどだ。

長いお金の歴史の中で、それ自体に信用があった貨幣、金という裏付けで信用を得ていた兌換紙幣の時代が終わったのである。いま流通しているお金には何の裏付けもない、信用を保証するいかなるものもない、ということを、私たちは認識しておいたほうがいい。

現代のお金にとって重要なのは、もう一つ、コンピュータだ。

私がかつて学んだ「10年愛されるベストセラー作家養成コース」での仲間、鈴木博毅さんの『この方法で生きのびよ!』(経済界)

は社会のパラダイム・シフトを論じて、たいへん面白い本であるが、むろんここにもコンピュータが登場する。1946年にアメリカで完成した第1号は、「バスほどの大きさがある、巨大なネズミ捕りのような代物だった」と記されている。

このコンピュータが、同様に革命的に進化する通信手段とともに、お金の姿を劇的に変えていくことになる。

電子空間を飛び交う膨大なお金

いま、最も問題になっているのは、お金でお金を買うということ、それによって途方もなくお金が増殖していくことである。特にコンピュータ＆インターネットというデジタル空間の中で、全世界的に数字が飛び回り、増殖を続けている。

私が大学を卒業したころ、つまり1989年11月、お金にとって運命を変える出来事がヨーロッパの一角で起こった。ベルリンの壁の崩壊である。これによって世界の状況が一気に変わっただけでなく、お金の動くステージがグローバルに広がっていくきっかけがつくられた。

ベルリンの壁の崩壊は、アメリカとソ連の冷戦を終わらせた象徴である。ソ連は翌々年1991年12月に崩壊し、ロシアとなった。世界のほとんどが、市場経済の国になった。ロシア、東欧などのかつての社会主義国や中国、インドなどがつぎつぎと市場経済に参入し、その人口は飛躍的に膨らんだのだ。

一方、敵であるソ連が消滅したことで、アメリカは重要な決定を行う。それまで軍事・科学技術分野に限られていたインターネットを、商業用に開放したのである。

ここからいわゆるIT革命が起こり、進化したコンピュータとインターネットの融合によって、まさに世界は一つになる。地球の裏側の国との情報のやり取り、通信が自由自在、一瞬のうちに行われるようになったのである。

お金も、一瞬のうちに世界を回るモノの、重要な一つになった。

こうしてお金がその凄まじいまでの暴力性を見せる舞台が整う。

1997年7月、アメリカのヘッジファンドを主とした国際投機集団が、タイを中心としたアジアの新興国の通貨にカラ売りを仕掛けたのだ。

買い支える力のないアジア各国は、マネーの暴力に負ける。

国の経済に大きな打撃を受けたタイ、インドネシア、韓国は、IMF（国際通貨基金）の管理下に入った。

翌年にはロシアやブラジルでも通貨危機の混乱が起こり、わが日本も長銀や日債銀などの破たんをまねいたものだ。

ここにはもはや、長らく人間たちが常識として慣れ親しんだお金の姿はない。マネーが独り歩きしているというしかない状況だ。マネーでマネーを買い、利が利を生むことをもって至上とするマネー資本主義の世界があるだけである。

国際決済銀行（BIS）は3年ごとに世界の外国為替の取引を発表しているが、2013年の例でいうと、1日あたり取引高は平均5兆3450億ドルとなっている。これがどれほど大きな金額であるかと言えば、世界貿易額（輸出・輸入合計）の1日の平均取引額が、2013年で約1000億ドルでしかないことからも分かるのではないか（JETRO 2014年版）。

毎日毎日、世界貿易額の53倍以上のお金がインターネットを通じて、外国債券や海外投資の資本取引、あるいは投機資金として全世界を走り回っているのである。

　それは現物の紙幣や貨幣の姿をしているのではなく、デジタルな数字として、電子空間の中を駆け回っているに過ぎない。それをだれも規制もできず、つかまえることもできない。
　お金はやはり神であり、妖怪なのだろうか。
　繰り返すが、むろん神でも妖怪でもない。人間がつくった仕組みの一つにすぎない。だから現実を変えようとしたら、変えられるはずである。
　お金にどれほどの力があろうとも、人間がつくり出したものだ、恐れることはない、変えられるのだ、とミヒャエル・エンデも言っている。

エンデの考えの強さ、正しさ

　FPとして、お金と密接にかかわり、お金のことを考え続けてここまで来た私は、『エンデの遺言』(講談社)によってドイツのファンタジー作家ミヒャエル・エンデを知り、その考えに感銘を受けた。
　「パンを買うお金」と「株式取引所で扱われる資本としてのお金」は、異なる種類のお金であるという指摘を始め、深く頷いた言葉が多い。
　ここまで記した中にも、エンデや思想家シルビオ・ゲゼルの考え方の浸み入っている言葉が、いくつかあるだろうと思う。

附録 なぜ、こんな国になったのか？——あなたを縛る「お金」の正体を教えよう！

　これまで見たように、お金の持つ非人間性、不自然性の最大のものは、お金が減価していかないということにある。住居も食べ物も、古くなり、あるいは消費される。しかしお金は、いつまでも元の価値を持続する。
　そのおかげで、貯めこんだり、利子を取って増殖させたりすることが可能になる。

　そんなバカなことはないじゃないか、というのが常識である。お金だって、時とともに価値が減ってもいいじゃないか、と。
　『エンデの遺言』を読んでいると、そういう、まっとうなことを考える自分にどんどん帰っていくのがよく分かるのだ。
　とはいえ、「お金は老化しなくてはならない」（シルビオ・ゲゼル）という言葉に「その通りだ」と頷いたとしても、心のどこかで「でも、実際には、そんなことはどこにもないはずだよ」と否定している自分がいるのも確かだ。
　なぜなら、私たちのどっぷりと潰かってきた世界で、価値が減っていくお金という例は、現実に考えづらいからである。

　ところが、現実に「老化するお金」のシステムは導入され、成功さえしたのである。世界大恐慌後のオーストリアのヴェルグルという町で、それは行われた。大恐慌の影響で町は大きな負債を抱え、失業者も溢れていた。
　人口わずか4300人のこの町には500人の失業者と1000人の失業予備軍がいたのである。通貨が貯めこまれ、循環が滞っていることが不景気の原因と考えた町長は、現行の貨幣と並行して、1ヵ月に1％ずつ減価するお金を発行し、町の公共事業の支払いに充てたのだ。

このお金は、すぐに使わないと価値が減ってしまう。みんなは争って使った（モノを買った）。そのお金をもらった人も、すぐに使った。お金は回転がよくなれば、経済効果が大きくなる。実際に経済活動は何倍にも大きくなった。

　また、お金を借りても（価値が減っていくお金だから）利子がつかない。多くの人が無利子のお金を借りて仕事を始めたという。

　結果的に、町の負債もなくなり、失業者も減った。

　この実験的な事業は、オーストリア政府が介入して禁止するまで続いたとのことである。

　この「老化するお金」（経済学でいうエイジング・マネー）は、ゲゼルと同時代に生きた思想家ルドルフ・シュタイナーも同様に提唱しているが、お金は人間がつくったものだ、だから現実を変えることは不可能ではない、というエンデの言葉の強さ、正しさは、こうした歴史に裏打ちされている。

　日本の残酷な現実も、これを変えることは決して不可能ではないということである。

　アメリカの事業家、クリント・W・マーチソンは、こんな言葉を残している。最後にその言葉を紹介しておこう。

**"金は肥料のようなものだ。ばらまけば役に立つが、
　１カ所に積んでおくと、ひどい臭いがしてくる"**

If you know a villager of a cruel village of 100 people

カバー・本文イラストレーション：**サカモトセイジ**
造本・装幀：**岡 孝治**
本文デザイン：**岡田由美子＋鈴木美緒**

■著者紹介

江上 治(えがみ・おさむ)

株式会社オフィシャルインテグレート
代表取締役
1967年、熊本県天草市生まれ。
有名スポーツ選手から経営者まで年収1億円を超えるクライアントを50名以上抱える富裕層専門のカリスマ・ファイナンシャル・プランナー。
サラリーマン時代には大手損保会社、外資系保険会社の代理店支援営業において、新規開拓分野にて全国1位を4回受賞し、最短・最年少でマネージャーに昇格を果たす。自身が所属した組織もすべて全国トップの成果を挙げる。
起業後は、保険営業を中心としたFP事務所を設立。人脈ゼロ・資金ゼロから1,000名を超える顧客を開拓し、これまで新規に獲得した保険料売上は600億円超に達する。指導した部下は全国7万人のセールスの中でベスト5に2回入賞。中小企業のコンサル業務も展開し、サポートした企業の売上が1年で8倍増になるほどの成果を上げている。著書に、ベストセラーとなった『年収1億円思考』をはじめ、『年収1億円人生計画』『年収1億円手帳』『1000円ゲーム─5分で人生が変わる「伝説の営業法」』(以下、経済界)、『プロフェッショナルミリオネア─年収1億円を生む60の黄金則』(プレジデント社)、『決まりかけた人生も180度逆転できる!』(三笠書房)がある。

あなたがもし
残酷な
100人の村の
村人だと知ったら

2015年11月23日　初版第1刷発行
2016年 2 月 5 日　初版第6刷発行

著者　　江上　治
発行人　佐藤有美
編集人　安達智晃

発行所　株式会社 経済界
〒105-0001 東京都港区虎ノ門1-17-1
出版局　出版編集部 ☎03 (3503) 1213
　　　　出版営業部 ☎03 (3503) 1212
　　　　　　　振替 00130-8-160266
http://www.keizaikai.co.jp

編集協力　エディット・セブン
印刷所　　株式会社 光邦

ISBN978-4-7667-8598-2
©Osamu Egami 2015　Printed in Japan